I0099991

9 781961 420113

الشيطان
لم يعد
يقيم
بيننا

الشيطان لم يعد يقيم بيننا

إبراهيم محمود

عدد الصفحات: 200

الطبعة الثانية: 2025

الناشر: دار خيّاط

جميـع الحقـوق محفوظـة للناشر والمؤلف

ISBN: 978-1-96142-011-3

First published in 2023

KHAYAT
Publishing

Washington, DC
United States
+1 7712221001
info@khayatpublishing.com
www.khayapublishing.com

إبراهيم محمود

الشيطان لم يعد يقيم بيننا

دراسة في سفاح القربى

ملحق

ثالوث الشبهات

غرفة النوم، المطبخ، الحمَّام

المحتويات

منعطف الكتاب

«عندما يتخلص الصوت من كل معنى تحمله الكلمات ويرنُّ كموسيقى صِرفة، صيحة صِرفة تقطع الصمت: ليس الصمت الذي يولّد تفعيلة الحضور/ الغياب ويسمح بانبثاق الكلمة، بل صمت يترك كل المكان للواقع الرنّان في استمراريته دون قطْعه، يقوم بتجربة فراغ يمحو موضوعه كلَّ شيء ويدعه مُقدَّماً لخليط من الفتنة والرعب».

معجم الجسد، مج2، ص 1519.

«صرختْ فجأة فذعرتُ. ثم أخذتْ تولول وتبكي وتضرب على صدرها، وأخيراً صارت تجذب شعرها كالمجنونة، وتهتف بملء فمها:

- كلا، كلا، لا أريد.. لا أريد، رباه أنقذني!

فصرختُ فيها محتداً:

-اعملي ما تشائين، ولكن لا تتصوري أن نداءك يصل قلب هذا المخلوق، كلا.. حتى إنه ليس بمخلوق.

ألم أكن على حق؟ تباً لي».

فؤاد التكرلي: بصقة في وجه الحياة، ص 88.

«من المفترَض أن يرسو المجتمع والطبيعة على نظام شامل، يصونه عدد من المحظورات التي تؤمّن سلامة المؤسسات وانتظام الظاهرات، فكل ما يبدو ضامناً لصحَّتهما وثباتهما يُعتبَر مقدَّساً، وكل ما يعرّضهما للخطر يوصَم بالرجس».

روجيه كايوا: الإنسان والمقدّس، ص183.

أسئلة تبحث عن رابط

كيف لِبني البشر أن يتحملوا وزْراً دينيّ المنشأ، لا يد لهم فيه، وهو الذي يقاوم النسيان، لا بل جرى تثبيته وتأكيده، والسعي إلى دوام تكرار التذكير به، وهو أن بداية التكوين كانت ارتكاب خطأ، يعتبَر قاتلاً، انعطافياً، هو الذي كان وراء خروج آدم وحواء من جنة الخلد، أعني بذلك «الثمرة المحرمة»، ولا بد أنه فعل لا ينبغي النظر فيه على أنه مجرد حركة داخلية صرف، وليست مقدَّرة من الخارج، ليكون هناك خطأ آخر لجهة التعامل بين قابيل وهابيل:

أولاً بالنسبة إلى قضية تبادل الأختين، وهما من المحارم، مهما استرسل فقهاء الدين ونحاته ومفسّروه في إيجاد مخرج لهذه الواقعة الجنسانية، والتي ترتبط بعملية مواجهة مخيفة، دشّنت بعداً أصيلاً في النفس البشرية، وثبتته على البشر: القتل، وليكون «القاتل» محمياً من خالقه تالياً، أي «قابيل»، بالمفهوم الديني، وليكون هناك في الطرف الأقصى، في جغرافية بشرية، تأكيد، أو ما يشبه تأكيد جريمة تستدعي تلك، بمقدار ما تعزز وجودها، ذات صبغة داخلية، مهما اجتهد مفسّرو الواقعة، أو بحثوا لها عن دلالات، ومارسوا تفكيكاً شامبليونياً لرموزها، وربْطها برموز الكونية: الإلهية التوجيه: قتل الأب، وارتكاب سفاح القربى،

كما تقول عقدة «أوديب» وليس عقدة «إليكترا»؛ حيث تتعلق البنت بأبيها، لتتشكل سلسلة من المحرمات المخترقَة تاريخياً؟

أنَّى للبشرية أن تداوي جرحاً ميتافيزيقياً غائراً ودون قرار في جسدها؟ حيث لا يبدو أنه عرَضي، إنما متزامن معه، كما لو أن البدء كان خطأ، وهو ليس بالخطأ الممكن نسيانه، إنما مواجهة البشرية به بشكل دائماً. فاستحالة النسيان تحيل الذاكرة إلى أرشيف مرئي ومسموع، وتفرض على الكلام سلطة الانصياع لهذا الخطأ المركَّب: دوام معايشته، والتنبه إليه، واعتباره متأصلاً في بنية اللغة التي تشكل عنصراً مندغماً في النفس البشرية، والسعي الدائم إلى عدم التكرار!

ألسنا نتلمس فيما تقدَّم أقسى درس، يضعنا في صورة النفس التي تعنينا في العمق، مذ كان «ألف» نشأتنا، إلى «ياء» نهايتنا المجهولة، وهي أنها لا تنعزل عن خطأ يُسمى تاريخاً، فتُلزَم بمقاومة التذكير به، وهو لا يعدو أن يكون وشماً داخلها؟ وبين المسمَّى بـ «الإيروس»: دافع الحياة، و «الثاناتوس»: دافع الموت، يتقاسم الناسَ مذ وجِدوا، مشاعرُ تحلّق بهم عالياً، وكلهم رغبة باحتضان الكون، وهي حياتية، وأخرى، تكاد تجرّدهم من كل حركة، وكلهم توجس من سطوة الموت. وفي الحالتين، ثمة التعامل مع الجسد، أو ما يكونه جسدياً، سوى أنهم بالكاد أدركوا فيه ما يبقيهم أهلاً له بأكثر من معنى.

ذلك من شأنه النظر في الجهات كافة، تجاوباً مع ضخامة الأثر، ومأثرة الأرشيف الذي يعلّمنا بنباهة طرح أسئلة من نوع: لماذا يتستر الناس في الحديث على أجسادهم، وهم حيث هُم لا يكفوّن عن النظر فيها في وضعيات مختلفة، ولو أمكنهم لطالوا النظر بعمق؟ ما الذي يحوُل هنا بينهم وبين الحديث عن مكوناتهم الجسدية، وهم ينشغلون كثيراً بالاهتمام بمظهرها؟ كيف يمنحون حق الحديث في أعراض الآخرين، وفي ذمّهم جسدياً وبالاسم، كما لو أنهم منفصلين كلياً عن أجسادهم بالذات؟ أي

شرعية يعتمدونها في الفصل بين ما يحق لهم النظر فيه، وما يعتبرونه تعدّياً على خصوصياتهم، ومن دون أن يرفّ لهم جفن؟

ذلك يمضي بنا إلى ما هو متداول هنا وهناك: سفاح القربى/ سفاح الأقارب/ غشيان المحارم، زنى المحارم، وكيف أنه يشكّل من بين أغلى ومن ثم أقدس ما شغلت البشرية به نفسها، وأحياناً: الأغلى والأقدس بإطلاق، جرّاء تأثيره في حياتها!

ذلك ينشّط فينا، في وضع المنحدر البحثي هذا، أكثر من ذاكرة مكانية بالتوازي مع نظيرتها الزمانية لتبيّن حقيقته، وما إذا كانت حقيقة وأي حقيقة، وكيف؟

كل حديث عن «سفاح القربى» أو «زنا المحارم»، ربما يسيء إلى علاقات القربى، وقد يترك انطباعاً سلبياً عن هذا المتحدث، حيث لا يُحسَد بالتالي على الصورة المتشكلة عنه من قبل من سمعه أو قرأ له، إذ لا يُستبعَد أن تمضي الشبهة بالآخر إلى كون المتحدث أو الكاتب في نطاقه شخصاً يبحث عن البلبلة، ويقلق من حوله بالتالي، طالما أن الذين يقيمون حوله يعيشون طمأنينة نفسية، وفق قوانين مرعية، وأعراف وتقاليد متوارثة. إذاً ليس من داع لأي حديث عن ذلك.

هنا، ما علي إلا أن أقول في الحال: نعم، وألف نعم ونعم، وبملء فمي طبعاً: أنا مع كل هؤلاء الذين يتخوفون من أحاديث أو إشارات تلفت أنظارهم إلى موضوع حساس، دقيق، وخطير جداً، أي يُخشى جانبه، بحيث ينبغي في الحريص على السلامة النفسية لمجتمعه، أن يكون حائلاً دون تسمية ذلك ما أمكن، وليس أن يكون هو نفسه منخرطاً في عملية تتم في خضم النار الحارقة المحرقة. غير أن هناك، في المقابل، ما لا يجب السكوت عنه، ومداراته بمَكْر ما، أو إدارة الظهر لما يجري، جهة هذا الموصوف بـ «الحساس، الدقيق، والخطير جداً»، خصوصاً، وأن أخباراً أو وقائع، وما أكثرها وهي تترى، تعلِم القاصي والداني بما يبقي هؤلاء ليل

نهار على بيّنة منها، وهي تفصح عما يصدم تحفظاتهم، وعن وهم كبير، ومرضي أحياناً يتلبسهم، جرّاء هذا التكتم الشديد، وتصنُّع اللامبالاة!

ثمة ما يقرَأ في أمكنة مختلفة: في الجرائد، المجلات، والمواقع الإلكترونية وغيرها، يضيء ما لا يخفى جهة هتْك المحارم بصيغ شتى، وأخبار محاكم تنتشر سريعاً، رغم كل أوجه التحفظ، تجنباً لردود أفعال جانبية، وهي تفصح عن جرائم أخلاقية، أو فضائح أحياناً، وما يهدد علاقات القربى في الصميم، وهذا يعني، أنه في مجتمع اليوم، وأكثر من أي يوم مضى، يكون من المضحك جداً، ادّعاء عدم المعرفة، أو ملازمة الصمت، وما يحدث يستحيل تجاهل تأثيره بعمق، ونافذ بأكثر من هيئة!

ليس هذا فحسب، حيث إن الكلام الذي من معانيه: الجرح «المكلوم: المجروح» وأنه يرتد إلى متهجئه الحيوي: العضوي، ولا يخفي عوالقه أو ما ينمُّ عنه بمعنى ما طبعاً، وهو يتبدى نافذ الأثر، كما لو أنه التعهد بتسميه منشئه: حدوث الجرح الأبدي في الجسد عميقاً، وأن التفوه به ارتباط به، وما في العملية من تناقض، بين صمت يراد له نسيان ما كان، والخوف من ذكره، وما يستحيل البقاء من دونه، أي ما يستحيل تجاهله، فكأن الناس حينما يتكلمون، إنما، بمقدار ما يؤكدون وجودهم، بمقدار ما يترجمون جرحهم الذي دشّنوا به، وهو عقاب لا مفر منه.

إن في الكلام نفسه ومن خلاله حقاً، والذي يمتلك رصيداً كبيراً من الإحراجات عندما يجتمع أفراد العائلة الواحدة مع بعضهم البعض، عندما يكون هناك اجتماع آخر، وما أكثر اجتماعات الناس، يسعى هؤلاء إلى ضبط كلامهم، وعدم التفوه بما لا «يليق» بهم، أي في ألا «ينزلوا» إلى مستوى الكلام الذي يفجّر صراعاً لا يؤمَن جانبه، وهم لا يكفّون في الوقت نفسه عن التذكير بهذا الذي «ينزل» بهم، بهذا الذي يستنزفهم «كما لو أن الكلام جرح»، وجرح لا يندمل، حتى بعد رحيل صاحبه، لأنه ينتقل إلى مستوى آخر من التعبير المنسوب إليه. وأن مجرد التفوه به وحتى كتابته، يسيل دم،

حيث لا يمكن لهؤلاء أن يتجاهلوا ما وراء تشاتمهم، وتبادل السباب، ولو على مستوى ضيّق، من معايشة لخاصية سفاح القربى.

يصبح التشاتم، ومن النوع المقذع، كما يُسمى أحياناً، صك تثبيت على أنهم مأخوذون بغواية هتك المحرمات، أو غشيان المحارم، أو سفاح القربى، وإن بدوا على أشد ما يكون من الحرص، في عدم الاقتراب منه، وهم محمّلون، محمولون به، أعني بذلك ما يجعل من فعل «الهتك» نزعاً لسقف «تابو» غير محْكَم.

أتراهم بالطريقة هذه يفصحون عن عنف ليس من فك ارتباط جائز به، ينبذونه وينشدونه، تأكيد صراع مزمن داخلهم؟

كيف لهذه السردية الكبرى، والتي تكون متعة لها خصوصيتها، حيث تستغرق على مستوى الخطورة والأثر، تاريخاً له أسراره ومساراته والتفافاته، أن يتم طيّها، من دون مساءلة عن حقيقتها؟ أي بوصفها خطّية، وليس في كونها ذات طيّات وانغلاقات؟

في وضع كهذا، ما الذي يتوجب علينا القيام به؟ هل يمكننا تجاهل ما يجري، وإلى أين ومتى؟ أم لا بد من وجوب التيقظ، ومن ثم تقصي ما نعيشه إذ يتناهى إلينا بصور شتى؟ أعلينا، من ناحية أخرى، الاعتراف بواقعة تاريخية، تنتمي إلى البشر، وهم رموزها، أبطالها، المعنيون بها، المتابعون لها، واقعة، نظّر لها من زوايا مختلفة، ووضِعت محاذير، أو محظورات، أو ما يُسمى بالتابوات، ورغم ذلك، يظهر هذا «الشر» كما لو أنه يسخر ممّن يطردونه خارجاً، وهو في الداخل، وممن يتسترون عليه، بينما يشهِر بهم، ويتعمدون عدم تسميته بأي اسم، بينما في الجوار القريب أو البعيد، يتراءى بعريه، وممن يتهربون من ظله، ويتجاهلونه، فإذا به يباغتهم، كما لو أنه يقول لهم بصوت عالٍ: أنا فعلكم، فكيف تتنكرون له، كيف، كيف؟ ثم ما الذي يمكنني التعليق عليه ونحن عالقون في متنه القويم أو المحكَم، وهو لا ينفك يعاود تنبيهنا إليه كذلك، أو كيفية التفوه به، وأنا أقرأ العناوين

الإنترنتية التالية، وهي حديثة، بمقدار ما تنشّط فينا جملة القوى النفسية تجاه ما يعنينا، ويشغلنا جنسياً، وكيف يكون للجنس هذا ما يثيره ويديره ويستبقيه واقعاً في أوساط الناس:

سفاح القربى: 5 حقائق مهمة

أميركية بطلة قضية «سفاح القربى» تورط ابنتها.

سفاح القربى في سوريا: البنت حملت من أبيها، والأم تحاول جماع ابنها، وابن الزوج مع زوجة أبيه.

سفاح القربى في القوانين العربية بين التهاون والإعدام.

تقرير: سفاح القربى في سوريا.

«سفاح القربى» في لبنان.. خلف الأبواب المغلقة.

جرائم «زنا المحارم» تنتشر في المجتمع العراقي وسط تستر على الجناة

زنا المحارم في اليمن: قصص حقيقية أغرب من الخيال!

المسكوت عنه في السودان، ظاهره زنا المحارم، قصص حقيقيه من أرشيف صحيفه الانتباهه.

حالات زنا محارم. زيادة كبيرة في أعداد الشواذ جنسياً، وانتشار ظاهرة زنا المحارم في البلاد «السودان».

السعودية: شاب تعرض لاعتداء جنسي من شقيقاته السبع، وأمهات يفضلن تعرض بناتهن لاعتداء المحارم.

غزة: سفاح القربى...ذئاب بشرية تفترس حرماتها...آدميون تحولوا إلى وحوش.

سفاح القربى.. إلى متى؟

«قصة الجنس» لبرونو وكورين: في البدء كان سفاح القربى.

المؤبد لمرتكب سفاح القربى.

سفاح القربى في العالم العربي: الأخبار السورية.

هل «سفاح القُربى» وراء طلاق أنجلينا وبراد؟

سفاح القربى يهدد أطفال أميركا.

تحليل وراثي جديد لإنسان نياندرتال: نسَبه يخلو من «سفاح قربى!»

علاقة سنان بابنة شقيقه فتحت النقاش حول «سفاح القربى».

القضية التي هزت الرأي العام العالمي بعد أن كشفت وسائل إعلام تركية فضيحة زنا المحارم بين الممثل التركي مراد باش أوغلو وابنة أخيه بورجو باش أوغلو، إثر تسريب صور تبادل قبلات بينهما على متن يخت.

....إلخ.

وهذا ما يمكن تبيّنه في قائمة لافتة من الروايات العربية التي تميَّزت في العقود الأخيرة بالانفتاح على قضايا الجسد من نواحٍ مختلفة، ومنها أدق تفاصيل الممارسة الجنسية، إلى جانب «الشذوذ الجنسي»، فكان لسفاح القربى، أو زنا المحارم، أو ارتكاب المحارم...إلخ، كما في «صمت الفراشات» لليلى العثمان، و «سر النحلة» و «عطر الخطيئة» لأمين الزاوي، و «مسك المحارم» لسكينة المراب، و «الصمت» لهند الزيادي... إلخ، وما في ذلك من تأثير لضغوطات الواقع، وتأشيرة دخول اعتمدها الكاتب/ الكاتبة في مكاشفة «الغول الغريزي» والمتلون في الداخل

ولينظَر في قائمة العناوين الفرنسية الكبرى هذه، تلك التي تتمحور حول «سفاح القربى/ زنا المحارم L›inceste»، والتي اخترتها من مواقع فرنسية، وما أكثرها، واضعاً إثر قراءتها مقابلها العربي:

Ce que l’on sait de l’inceste en France

ما هو معروف عن سفاح القربى في فرنسا

L›inceste, lorsque l›enfant parle (1992)

سفاح المحارم، عندما يتحدث الطفل (1992)

Comment l’inceste a détruit ma famille

كيف دمَّر سفاح المحارم عائلتي

Parler de l’inceste: une urgence sociale et individuelle

التحدُّث عن سفاح المحارم حالة اجتماعية وفردية

L›inceste doit être considéré comme un crime

سفاح المحارم يجب اعتباره جريمة

L›inceste 36 questions incontournables, Parution: février 2017,Isabelle Aubry, Gérard Lopez

سفاح القربى 36 سؤالاً أساسياً، الإصدار: شباط 2017، إيزابيل أوبري، جيرار لوبيز

La vie après l›inceste: le témoignage de deux soeurs

الحياة بعد سفاح القربى: شهادة شقيقتين

L›inceste, un crime pas toujours puni

سفاح المحارم، جريمة لا يعاقب عليها دائماً

Eva Thomas: celle qui en 1986 a brisé le silence sur l›inceste

إيفا توماس: التي كسرت في عام 1986 الصمت على سفاح القربى

Survivants de l›Inceste Anonymes (SIA), Les effets de l›inceste sur l›enfant devenu adulte

الناجون من سفاح القربى المجهول (SIA) آثار سفاح القربى على الطفل البالغ

«L'inceste, c'est un crime sans cadavre. On veut à nouveau m'imposer le silence» (témoignage)

«سفاح القربى جريمة من دون جثة، ونحن نريد فرض الصمت مرة أخرى» (شهادة)

L›interdit de l›inceste a-t-il un fondement biologique?

هل لحظر سفاح القربى أساس بيولوجي؟

« L’inceste, Monsieur, êtes-vous sûr qu’il soit vraiment interdit...? »

هل أنت متأكد يا سيدي أن سفاح القربى محظور حقاً؟

L›inceste, le crime qui n›existait pas

سفاح القربى، الجريمة التي لم تكن موجودة

L’INCESTE: Un tabou entretenu par un flou juridique

زنا المحارم: والمحافظة على المحرمات من خلال الطمس القانوني

Fanny Colard, Chargée de missions à la FCPF-FPS

Secrétariat ndirec des FPS

فاني كولارد،

Chargé de mission في FCPF-FPS

الأمانة العامة لمنتدى SPF، 2016

Etc ...

في معترَك المتشابِه

هـذا الحضور اللافت، وبتفاوت بين منطقة وأخرى، ومع اختلاف صيغ العنوان، يعلِم بوجود ما لا يُنتبَه إليه على صعيد النظام المجتمعي في بنيته الدينية، وكيفية تصريف أمور الدين في سياقات أنشطة الجسد، أي ما يتم تقييده في الجسد غريزياً، دونما تفهّم للمترتب على مسلك: ديني «فقهي» قانوني، أو تشريعي، أو عُرفي كذلك. يضاف إلى ذلك ما يبقى خارج التسمية أو الملفوظ، تجاوباً مع سيستام «السرّيات» العائلية، والتي ترتد في أصلها إلى التصور الخاطئ لأساس التعامل مع الجسد بقواه الغريزية وتواجد هذه القوى في المجتمع، وكيف أن المؤثرات والمستجدات تحتّ بمفعول مائي في «صخرة الجسد» مع الزمن، هذا إذا كان متماسكاً، كالصخرة الصمّاء.

ذلك ما يشدنا إلى محتوى الآية (23) مـن سـورة النسـاء والتـي تقول (حرمت عليكم أمهاتكم وبناتكم وأخواتكم وعماتكم وخالاتكم وبنات الأخ وبنات الأخت وأمهاتكم اللاتي أرضعنكم وأخواتكم مـن الرضاعة وأمهات نسائكم وربائبكم اللاتي في حجوركم من نسائكم اللاتي دخلتم بهن فإن لم تكونوا دخلتم بهن فلا جناح عليكم وحلائل أبنائكم الذين من أصلابكم وأن تجمعوا بيـن الأختين إلا ما قـد سلف إن الله كان غفوراً رحيماً)، إذ إن هذه السورة التي تحرّم الاتصال الجنسي باللواتي تمت الإشارة إليهن، وهن ثلاث عشرة، تأتي الأم في البداية، كونها الرحم المنجب للولد، والجمع بين الأختين في النهاية، وهي الحد الأبعد في منظومة التحريمات الجنسية، حيث إن أي اتصال جنسي، أو ما يدخل في إطاره، جهة التمهيد له، أو ما يعلِم به «ملامسات، أو مداعبات، قبلات، وحتى كلمات لها دلالات جنسية» يدخل فـي نطاق «سفاح القربى/ زنا المحارم». ولا بد أن الذين توقفوا عندها، وشرحوها، أو فسّروها، وبيّنوا ضوابطها أو قواعدها الصارمة،

كانوا على وعي بحقيقة المجتمع الذي يخلو من أي اتصال من النوع المشار إليه بالنص القرآني، وما يشكّل دعماً له في الحديث النبوي، من خلال

سهولة الاطلاع على ذلك في مواقع إلكترونية كثيرة، إنما يبقى السؤال: تُرى، هل هذا الوعي النابع من مسؤولية دينية، أخلاقية واجتماعية، كان مرفَقاً بوعي أكثر خطورة، أكثر حيوية، أكثر قدرة على بلبلة الوعي الرئيس: وعي البنيان الحيوي للجسد وقواه الغريزية؟ هل يمكن لآية أن تنص على لزوم التقيُّد بمضمونها، ومن ثم غلْق محضر ضبط «القضية» دفعة واحدة وإلى الأبد، من دون المساءلة عما يعتمل في النفس من قوى متصارعة، وما في القول من انقسامات، ومن قابلية الالتفاف على المتعة «المصادرة» أو المؤثَّمة، ومن ثم نشدانها، في أمكنة، أو حالات، يصعب التأكد منها، كما هو المتابَع هنا. وكون المثار لا يقوم على قناعة ما، أو معتقد، أو تفكير محدد، وقطعي، وإنما لأنه من حيث البنية شبكة هائلة من الدلالات والاختلافات، الظواهر والبواطن، ولأنه في حقيقة تكوُّنه، يقوم أحياناً بعمَل «الخلايا النائمة» في النفس، وينتظر فرصته، كما هو المسموع هنا وهناك، في الدعاوى القضائية، أو ما يتداوله الناس سراً في ذلك!

تلك عناوين، لا يجب النظر في كل منها على حِدَة، رغم وجود عشرات العناوين الأخرى، سوى أن المقتبس كاف لإعطاء فكرة عن مدى التفاوت بين المعلَن عنه والصريح تماماً في النص، وحتى في جملة القوانين الضابطة للزواج وما ينقضه، تفاوت يشكّل أكثر صدع، أو ثغرة تمرّر مختلف الرغبات الجنسية بأنواعها: من البسيطة خارجاً، إلى الممارسة الفعلية لها.

هذا يضعنا في مواجهة المجتمع، أو يخضع المجتمع لمساءلات وهي تتراوح بين الإيمائية والصريحة وبإيجاز شديد، لتعرية شاملة واستنطاق المكبوت فيه، وعمله التدميري اللافت في ذلك.

ثمة تفعيل لأثر الكلمة/ العبارة/ القضية في الحالتين/ الطرفين، رغم اختلاف العناوين، بمعنى أن موضوع سفاح القربى يمس المجتمعات البشرية كافة، فبين المفردتين ثمة حرب وطيس مقابل هذا التشدد عليه والتخوف منه، والسعي إلى كيفية ضبطه، إذ مع دخول «السّفاح» على «القربى» تنهار الأخيرة، وبالعكس، فإنه بمقدار ما تكون القربى موجودة، ويشار إليها من خلال رؤية العلاقات البشرية التي يشكّل السفاح فيروساً فتّاكاً لها، ومانعاً من استمراريتها، فإن علينا في الحالة هذه ألا نفكّر البتة في السفاح، إذ ليس هناك من تداخل إنما تضاد تام بينهما، لكن، هل هذا يعني أنهما متباعدان؟ هل يعني أن الحديث عن القربى، يعني في الوقت نفسه لزوم عدم التفكير في الآخر، أم التدقيق في بنية القربى؟ إذ إن عمران ذلك هو الذي يعطينا فكرة ما عما يكون عليه السفاح نوعاً، وطبيعة حضور، وآلية عمل، ومسافة، وخطورة داء. يعني ذلك أن عدم وجوده لا ينفي كمونه في مكان ما، في اللاشعور ذاته، وربما يتحين فرصة التسرب إلى الداخل والإخلال بأمنه!

ومن ناحية أخرى، فإن مفهوم «السفاح» يأتي من السفح، من جعل الداخل خارجاً، أو كما هو شأن الدم المسفوح، والذي يتهدد الجسم عندما يسيل منه، هكذا يمكن النظر إلى سفاح القربى، باعتباره تعريضاً للجسم المجتمعي للخطر، ومن داخله تماماً، أي عبر مفهوم القرابة التي تشكّل بنياناً واحداً، جرى تقعيده أو تنظيمه، بوضع ضوابط له يحظّر خرقها أو هتكها، أي ما يخص الأفراد المنتمين إلى هذه المنظومة القرابية داخل العائلة الواحدة، والتي يمنَع الاتصال الجنسي بين أفرادها.

ذلك ما بات معروفاً منذ زمان طويل، لكنه، على الرغم من الأوامر والنواهي بحدّيها الديني والدنيوي، فإن الواقع اليومي لا يبخل علينا بين الحين والآخر بوقائع تفسد ميكانيزم هذا النظام القرابي، من دون نسيان ما يتم في الخفاء، أو ما يجري التكتم عليه، خوفاً مما يُسمى بـ «الفضيحة»

أو العار أسرياً، وتحديداً عندما يكون الجاني له مكانته: الأب مثلاً!

ذلك يتطلب منا النظر في الجاري بمزيد من التأني وبعيداً عن التشنج، إذ إن السماع بردود أفعال حادة، أو حتى الإقدام على القتل داخل العائلة الواحدة، وحتى بالنسبة إلى الجهات المختصة، رغم تنوع أو تفاوت المعالجة من نظام قضائي/ عدلي وآخر، بين هذه الدولة والأخرى، حتى بالنسبة إلى الدول العربية والإسلامية ذاتها، تلك التي تعتمد آليات تصدّ لهذا الخرق في نوعه، أو حدثه، أو القائم بالخرْق، وحجم «الجناية»...إلخ، قد يشتت الانتباه إلى بنية الموضوع بأسره، كون الجاري عنفاً من نوع خاص، وقد يستشري، أو يستفحل، في الزمان والمكان. وهذا يتطلب تنويراً له من متعددي الاختصاصات، وليس الاقتصار على حُكْم القاضي، أو الفقيه مثلاً، لأن الجناية تلامس المجتمع في الصميم، ومهما كان هناك من تستُّر عليها، فإن ذلك لا يعني تجاهلها، أو إهمالها، إنما تحرّي بنيتها في الحالة في مسارات مختلفة.

يكمن المشكل الكبير في أن الذين ينظَرون إلى الموضوع، أو يفتون فيه، أو يتصدون له، يتجاهلون كلياً تقريباً ما جعله أو صيَّره مشكلاً، وهم ربما، يعلمون تمام العلم، أن ما يجري يُهتدى إليه، ويعرَف في ساحته، ورموزه ودوافعه كثيراً، إلا أن المؤسف هو أنهم لا يبدون الحد الأدنى من الاعتبار لهذا الجاري عملياً، وبالتالي، فإنهم: إما يتمنون في قرارة أنفسهم دوام المشكل، وما يعنيه بالنسبة إليهم، من تحويله إلى مادة لتزجية للوقت، أو للتستر على خلل فيهم، أو أنهم يفتقرون إلى تلك السبل أو الإجراءات التي تمكنّهم من تطويقه، ومن ثم الوقوف على أمره، وهذا ما يدفع بالمشكل إلى المفاقمة!

هنا يكون الإقرار بالكثير من العوائق التاريخية والمنهجية:

التاريخية، لأن ليس لدينا ما يسوّغ التعريف بجانب من المشكل، أو بوجه من وجوهه، لأن هناك نقصاً في معطيات التاريخ الذي يتهجى

الاسم الذكوري، وهو ما يتطلب منا المزيد من الحذر لحظة تلقي أي معلومة.

أما المنهجية، فهي مشدودة إلى الأولى، كما أنها تحتفظ باستقلاليتها، أي حيث تستطيع التحرك، والتقدم بقواها الفاعلة في بناء الفكرة وتجلّيها اعتماداً على نقاط ارتكاز إرشادية، سعياً إلى إضاءة المشكل هذا.

هذا يبقينا حذرين، يقظين، كما ينبغي الحذر، أو تجوز اليقظة كذلك، مصطحبين معنا فيما نقرأ أو نسمع في هذا المضمار طبعاً لغة المساءلة الشكّية في أية لحظة لهذا السبب، وبذلك تصح مقولة ليرنر، إثر تأكيدها على أن المدوَّن يُسمّي الرجال تحديداً (هكذا، فإن السجل المدوّن والمفسر لماضي السلالة البشرية هو سجل جزئي فحسب، لأنه يحذف ماضي نصف البشرية، وهو مشوَّه، لأنه يروي القصة من وجهة نظر النصف الذكري من البشرية فحسب1.

تلك نقطة خطيرة إلى أبعد الحدود، فما تم تدوينه، والنظر فيه،و كتابة التاريخ من خلاله، ومن ثم تقعيد العلاقات المجتمعية، وضمناً: الزوجية، يحيلنا إلى حجم الغباء التاريخي بميسمه الذكوري، وما يترتب عليه من تجاهل يُخشى جانبه، لحظة التعرف على الجسد وكيفية نمذجته «جسد الذكر» وليس سواه. ولكن البنيان العضوي لجسد الذكر له خصائصه المورفولوجية، تلك التي تقصيه كثيراً عن نظيره: الجسد الأنثوي.

وإذا انطلقنا مما هو وارد في النصوص الدينية جهة نشأة المرأة، فذلك يضاعف المشكل، ويمنح الداء «داء التجاهل» فعالية إخلال بمبدأ الجسد عموماً بصورة أسوأ، وهذا ما ينبغي التركيز عليه، حتى في طريقة تشكل الديني وتموضع المرأة برغباتها الغريزية وصلتها بعضويتها فيه. أي ما يميط اللثام عما لا يُسمَّى، وعن تلك الكلمات التي يحذّر من تهجئتها، أو الإتيان بحركات معينة ذات صلة، وفي أمكنة معينة أكثر من أخرى، تصلنا بمفهوم سفاح المحارم، هذا الجبل الجليدي الهائل والعائم على

سطح المحيط المجتمعي المضطرب، وصدامه لما يتنشط فيه، وتمرَّر عليه علاقات مختلفة، تفصح عما هو متوتر في داخلها بالذات.

اعتراف من نوع ما

أترانا في الحالة هذه، قادرين على التفوه بكل شيء، أي كما هو المسنَد برغبة غريزية ما، ونحن نعاين النصف المعتمد قانونياً، وهو نفسه يشكو تبلبلاً؟

(إن الكتابة لا تستطيع أن تقول كل شيء، ولا يمكن أن تسمح لأي كان أن يقول ما يريد2، كما يخبِرنا إمبرتو إيكو بذلك،كونها تخص مجتمعاً قائماً بذاته. وهي في الحالة هذه، مهما أوتيت من قوة، تبقى عاجزة عن تسمية كل ما هو موجود، وهو بحكم المفقود، أو المغيب، عدا عن خفاء الأثر، والعراقيل الحائلة بينها وبين من يريد استنطاقه، وعما هو في حكم المعتَّم عليه في النص الفقهي، أو الشرعي، والقضائي ذاته، وكيف ينقلب الأرشيف ذو الصلة إلى موضوع مساءلة. إنه أرشيف تاريخ كان، كما أنه أرشيف يقدّم نفسه من خلال مكوناته التاريخية، بما هو كاشف للمتستر عليه، ولو في حدود معينة.

لنستعن قليلاً ببعض المعلومات ذات النسَب التاريخي- اللغوي وبنيتها التاريخية من خلال الأرشيف (علينا عدم الانطلاق من البداية، ولا حتى من الأرشيف نفسه، إنما انطلاقاً من كلمة أرشيف، ومن خلال الأرشيف، الكلمة المالوفة جداً، هنا تبرز Arkhé، لنتذكر هذا الاسم الذي ينظّم ظاهرياً مبدأين في مبدأ واحد، مبدأ بحسب الطبيعة أو بحسب التاريخ، هنا حيث تبدأ الأشياء. مبدأ طبيعي مادي، تاريخي أو مبدأ كائني- لكن أيضاً بحسب مبدأ القانون، هنا حيث يأمر بشر وآلهة، هنا حيث تمارس السلطة النظام الاجتماعي، في هذا المكان، حيث يصدر الأمر عنه مبدأ الأسمائية)، والأخطر مما تقدم، أو ما يتضح في ضوء ما تقدم

(لكن آجلاً أو عاجلاً، يحيل الأرشيف إلى الـ Arkhé، بالمعنى الأسمائي، وإلى Arkhé الأمر، كما الأرشيفوم، أو الأرشيوم لاتينياً «كلمة تستخدم بصيغة المفرد أو المذكر، أرشيف». معنى «الأرشيف» الوحيد يأتي من الـ Arkheîon الإغريقي: يعني أولاً منزلاً، محل إقامة، عنواناً، مقر القضاة الكبار، الأرشيون، الذين كانوا يأمرون المواطنين الذين كانوا يحفظون، وكانوا يجسدون هكذا السلطة السياسية...إلخ3.

أتُرانا قادرين على إضاءة ما يشغلنا بهذا التبيان الدريدي بخصوص الأرشيف، وكون المتعلق بسفاح القربى أرشيفاً؟

لعل أهم ما في الموضوع، هو ذلك الذي يجري إخفاؤه عن عين العامة ثم الخاصة، أي الذين لا يؤخَذ برأيهم في مسألة دقيقة تمس الأمن النفسي والاجتماعي، وتكون هناك طبقة/ شريحة، فئة من نوع تكنوقراط القانون والفقه تتولى أمر النظر في المجتمع وإصدار تشريعات أو وضع تعليمات ملزِمة بطاعتها، أي إنه من الصعوبة بمكان تحييد من يعملون في هذا الموقع الوظيفي عما يصدر من قرارات، أو يوضَع من ضوابط، وتحديداً في موضوع حساس كهذا.

لا بد أن هؤلاء، وكونهم ينظرون في مسائل مصيرية، بأكثر من معنى، يدركون عما يتحدثون، وفيما يرمون إليه، وهم ذكور جملةً. وبالتالي، فإن ما يجري من خرق معين، يكونون معنيين به مباشرة. وبناء عليه، فإن من السهل توقع حصول خروقات، أو سفاحات قربى، إن جاز التعبير، من دون أن يصار إلى الإعلام عنها، تأكيداً على السلطة المشرعنة.

الأمر الثاني، حيث أراه في منتهى الخطورة، من الناحية الجنسانية، هو أن الذين يخاطَبون عموماً، من جنس الذكور أنفسهم، أي تتم تسمية من يجب عدم الاتصال بهن؛ حيث إن الذين يتوقَّع أن يمارسوا سفاحاً لا بد أن يكونوا ذكوراً في المقابل، بينما لم يُشَر، ولا بأي شكل، إلى النساء، باعتبارهن معنيات بالخطاب القرآني القطعي.

ذلك، قد يحفّز أحدهم قائلاً، تلك مكرمة للنساء، أو تقدير لهن، لأنهن المقصودات، والجاري إنذاره، أو تنبيهه هو الرجل، انطلاقاً من ثقَل المهمة، أو اعتبار المكانة. إنما هل هذا يبعث على الإقناع؟ ما الذي غيَّب النساء كلياً عن حقل المخاطبة؟ أليس وجودهن بالذات؟ أي بوصفهن قابعات في المنزل، بوصفهن يتنقلن بناء على علاقات ينظّمها، أو يرسم حدودها، بمقدار ما يحلّلها أو يحرمها، أو يقف عندها، أو يعدّل فيها...إلخ، الرجال أنفسهم، وتبقى النساء في وضعية التنقل أو الانتقال من خلال وظيفة محروسة ذكورياً: في الزواج، أو في صحبة الرجل، أو في ذمته، أو في بيته لا بيتها طبعاً.

لكن المهمة أصعب من كل ذلك، كما نلاحظ في مجتمعات اليوم، أي حيث لا تعود المرأة كما هو مقرَّر عنها، إنما تمارس أدواراً اجتماعية، أو تكلَّف بأداء مهام مختلفة، وتقيم خارج بيتها أحياناً، وتكون متنقلة تبعاً لوظيفتها، فلا يعود للبيت ذلك المفهوم القديم، أو المعهود بطابعه التقليدي: من يبنيه، ومن يديره، ومن يكون مسؤولاً عنه أو معنياً به.

إنها مؤثرات نافذة المفعول، جهة الضغوطات التي تنتج عن التقصير في التنظير والتدبير والتفكير بالمقابل. ولهذا، فإن الجنس، وما ينوس فيه بين الشرعي/ القانوني/ الدستوري، حيث الزواج بكامل مفهومه، وبين النقيض، كما في حال الزنا، زنا المحارم في العمق، هو الذي يتطلب إنارة ذاتية إلى جانب الموضوعية في الوسط المحلي والأوسع منه.

وفق ما تقدمنا به حتى الآن، نرى أن هناك الكثير من الثغرات التي تستحق التوقف عندها، أو استنطاق خاصيتها الاجتماعية، وكيف تشكلت، وأين، ومتى، وفي مجتمعاتنا راهناً، كما هو الممكن تبينه في العناوين السالفة بداية.

مثلاً، أن نقرأ في مستهل عمل تأليفي، ميداني، وإقراري بخطر قائم، أوربي المنشأ، لا يعني أننا بمعزل عن تأثيراته الجانبية، كما يقال، لا

يعني عدم وجود حالات كهذه، وتحديداً، في ضوء انتشار الأجهزة الأكثر دقة وخطورة أثر في الاتصالات «الموبايل» والذي يضع عالماً كاملاً بين يدي مقتنيه، إنما العالم الذي يقدّم ما توصل إليه عالم الآخر، أي الأكثر شهوداً له بالتطور التقاني، وحتى الثقافي والفني بالتأكيد، حيث تنعدم الحدود، وخصوصاً بالنسبة إلى الذين يفتقرون إلى المناعة اللازمة، أو إمكان مقاومة الإغراء الخادم لهذا المسار، عبر مواقع شبه متخصصة في طرح ما يصدم، ومن ثم ما يستقطب، وبعد ذلك ما يحيل المتفرج أو المتفرجة إلى الانخراط في لعبة التجاوبات ذات المنزع الجنسي...إلخ:

(تنتشر الجنسانية في كل مكان حالياً، في مجتمعاتنا الأوروبية: الإعلانات التجارية والأفلام والكتب والمجلات الهزلية، ووسائل الإعلام، إلخ. لذلك تدعو هي نفسها إلى المحادثات بسهولة، وذلك غالباً في شكل دعابة forme d'humour. في حين أنها باتت أكثر انتشاراً في الحديث عن الجنس بشكل عام، لتكون أقل من ذلك بكثير من حياته الجنسية.

وإذا كان الجنس من المحرمات، فإن العنف الجنسي من المحرمات العليا tabou suprême . وحيث إن هذه الظاهرة تهم الجميع بما أنهم لا يمكنهم مواجهتها بأي شيء، في حياتهم بشكل مباشر «كضحية أو إسهام» أو غير مباشر «كشاهد 4.

لنتصور الفارق الموجود بين المتوخى في قول كهذا، وما هو موجود في العالميْن الإسلامي، ثم العربي، مثلاً، وكيف يتم التفاعل مع الموضوع، والمسافة الهائلة بين الطرفين، لحظة أخْذ العلم بأن ما يقال في أوروبا من كلام على هذا الصعيد، يكون له معنى، وتصور، وهدف، غير الممكن النظر فيه «لدينا». فإذا كان هناك نوع من «النفخ في الصور» في أوروبا، تخوفاً من «وباء» سفاح القربى، فكيف الحال في مجتمعاتنا، وفيها أكثر من حجاب سياسي، ديني، ثقافي، جنسي...؟

إن النظر إلى الموضوع، وإنارته بمفاهيم وعبارات لها أرضية دينية، لا تشكّل مدخلاً قويماً إليه، كما في «الفسوق، المعاصي والذنوب، المفسدة، العورة، والبغي...إلخ»، وربطها بما تتم متابعته اليوم، لجهة المؤثرات:

-1كثرة إطلاق البصر.

-2 سماع الأغاني؛ فإن الغناء كما قال ابن مسعود رضي الله عنه هو: (رقية الزنا)، وقد شاهد الناس: أن ما عاناه صبي إلا وفسد، ولا امرأة إلا وبغت.

-3 مشاهدة العري والفسوق على شاشات التلفاز، ما يسهل على الإنسان ألفة هذا الوباء والتفكر في ممارسته.

السبب الثاني: إظهار المرأة لعورتها أمام المحارم.5

فما أراه في مقاربات نقدية كهذه، هو أنه رغم سلامة التذكير بالجاري، إلا أن المنطلق في غير محله. فالكاتب المنتمي إلى القرن العشرين، والمقتني لمختلف الأجهزة التي تنتمي إلى القرن العشرين وأبعد، مازال يفصح عما يجري بعبارات تنسّبه إلى زمن موغل في القدم، وما في النبرة من ذكورية قطعية وطهرانية في آن. وهذا يضاعف من المشكل بالذات.

وإذا أشرنا مجدداً إلى قائمة النقاط المختارة أعلاه، واستفسرنا عن العوامل التي أوجدتها، لبدا هذا الموضوع في غاية الأهمية، وذلك من خلال فتح أكثر من خط في بنية ما هو دائر، أو فاعل أثره على صعيد الجنسانية بالذات.

سوى أن المرتكز التطبيقي لما تقدَّم، وبعد متابعة استكشافية واستقصائية لهذا الموضوع المنطوي على الكثير من الثغرات ذات البنية الثقافية، يكون صوب ما ألمحنا إليه في ظل العنوان، بمفهومه الثالوثي: غرفة النوم، المطبخ، والحمّام. إنما علي أن أضيء الرقعة الجغرافية للعنوان بالذات. وأسميه بالرقعة الجغرافية، استئثاراً بالمتصور جغرافياً، وكيف

تكون التضاريس بتنوعاتها، الأراضي بتنوع طبيعتها ومناخاتها، المياه وكيف تكون في مسمياتها، ومناخ كل منها، إلى جانب التقلبات التي تتعرض لها كل جهة. ولعلي على يقين، عندما أشدد على أن بنية الجسد، وهو بالكم الهائل لخلاياه وأنسجته ووظائفه وسرعة التأثر بالمتغيرات، وردود الأفعال، وتداخل الطبيعي: العضوي والثقافي، جديرة بأن يُنظَر إليها من هذه العتبة الرؤيوية الكبرى، بين ما هو ممتد على مرمى النظر، وما هو خفي، وما يستحق عناء كبيراً للوقوف عليه.

الفصل بين الشيطان والإنسان:

إن الشطب على الشيطان كاسم وصفة، إجراء مقدَّر، من خلال السعي إلى مكاشفة الموضوع في مجاله التاريخي، ومن ثم منح «الشيطان» حقه في البقاء خارج هذه التصريفات الدينية، وما يترتب عليها من التعمية على المطلوب؛ إذ لم يكن الشيطان، كما هو منظَّر له دينياً، أو معايَن فيه، إلا من أراده بموصفات دون أخرى، وأن تتم تبرئته. إنه من باب التأكيد على وجود فاعل وضحية ومناخ مهيئ لهذا الفعل، بحيث يكون الفاعل نفسه ضحية ما جنت يداه ومسؤولاً في آن، ولا يُحال الفعل بدوره على ما هو غيبي، وإنما على ما هو مكاني، في مضمار الجسد المحمَّل بما هو ثقافي. إن إلقاء تبعات المسؤولية على الشيطان، أو لعنه، أو رجمه، أو التفْل عليه، يمثّل إحدى العلامات الفارقة لمجتمع يتعرض لنكبات، أو يعاني مشاكل أخلاقية- اجتماعية، ويحمّل الشيطان قبل سواه مسؤولية ما يحصل.

نحن في مواجهة ظاهرة، وهي تسمزي مجتمعها، وعلينا حصرها، والتعرف على مكوناتها، لنحسن تدبير أنفسنا بالذات.

وفي ضوء ذلك كان المتعلق بـ «ثالوث الشبهات» المشار إليه، ولعله الثالوث الأعرق في التاريخ البشري، مهما اختُلِف حوله وعليه، فالإنسان

ينام، ويأكل ويستحم/ يغتسل، سوى أن دخوله في عهدة المدينة، ونطاق العائلة المعروفة ببيت له موقعه الجغرافي في المجتمع، هو الذي يفيدنا في توفير تلك المعلومات الهائلة الثراء، عما يجري من اتصالات في كل من غرفة النوم: غرفة الزوجين/ الوالدين، قبل كل شيء، والقيمة الاعتبارية الخاصة لها، والمطبخ، حيث يتم إعداد الطعام، وما يثيره الطعام ومناخ المطعم وفسحته من مشاعر وأحاسيس، أو ما يوقظه من دوافع ذات صلة بما هو جنسي، وهذا ينطبق على الحمّام بالذات، فهو السارد الأكثر فضائحية وقدرة على ممارسة مثل هذا السلوك السافر أخلاقياً.

وإذ يأتي هذا الثالوث محدود الحجم أولاً، ومن ثم ملحقاً، ثانياً، وقبل كل شيء، مقروءاً أسفل العنوان الرئيس، فليس لأن المساحة المخصصة له، هي المقتصرة على جملة الصفحات المعلومة في النهاية، تلك أمثولة درسية مكثَّفة، ويمكن تخيل الكثير مما نسمَع به أو نقرأ عنه «محارمياً» جهة سفاحه، أو من خلاله إجمالاً.

أنوّه إلى مقال منشور في أحد المواقع الإلكترونية، لا يخفي وجعه، إنما وضوح مقصده مما يتنفسه الناس، مما يقولونه ويتكتمون عليه، مما يعرَفون به، ويتجاهلونه في آن، مما يستحيل عليهم التحرر منه، والارتباط به، بصدد زنا المحارم، إذ إن (زنا المحارم من أكثر الأمور المسكوت عنها في المجتمع العربي والعراقي المحاطة بالمحظور والحرام والمستور. ومجرد الكلام في هذا الموضوع يثير حساسية نفسية واجتماعية، والتأمل في هذه المسألة الاجتماعياً يثير كثيراً من الأسئلة التي تحتاج إلى إجابة، بدءاً من الاسم الذي يدين ولا يوضح، إذ يدين شيئاً واضحاً من دون أن يسمّيه؟ ذلك أن مجرد اللفظ الصريح فيه رمزية الفعل الواقعي، وعلى هذا مُنِع الوصف الصريح في الاسم الذي أصبح يلمّح ولا يصرّح، حتى لو تغيرت التسميات للفعل نفسه، فمثلاً «سفاح، غشيان، انتهاك» تبقى مقرونة بكلمة «المحارم»، وما في التسمية من إقرار لحظْر قطعي، تُمنَع مساءلته كلّياً هنا

إن الناس في حديثهم عن هذا الموضوع يظهرون سيمياء التقزز على الوجه والاحتقار للفعل، ويعتبرون الانتهاك أكبر معصية لمحرمات الله.. والدين في الغرب ضعيف جداً، مع ذلك لا يوجد زنا محارم بينهم، ذلك أن الحظر ليس دينياً بل اجتماعي. ألا يعني هذا الاتهام نفسياً أن هذه الرغبة هي الأكثر كبتاً دون سواها؟ بحيث إنها تنفلت بمجرد رفع الوازع الديني عنها؟ إذا كانت الرغبة في زنا المحارم قوية، فما سبب التحريم الاجتماعي إذاً، الذي يحظر حتى اللفظ الصريح للتسمية؟ من تناولَ الفاكهة المحرمة، نقل الحرام إلى جسد آدم وذريته، فأصبح أبناؤه نجسين ملعونين، فأكل الحرام يورث الحرام كقولنا «ابن حرام» على الشخص السيئ، عندما يصبح الإنسان نجساً ملعوناً يبيح لنفسه انتهاك المحرم المكبوت..

أليس هذا التحديد القطعي، من جهة أخرى، هو الذي يحرّض على طرح أسئلة تلو أخرى، طالما أن البحث متجذر في نسيج العضوية، ولا يُطوى بسهولة هنا؟

أليس الإحكام المنوط بالأحكام، يعدِم النسيان وليس الذاكرة، ويثير الرغبة الجائحة؟

إنها جملة من الإشارات إلى فداحة الحالة، وهي أكثر من كونها حالة. لو أننا تحرّينا بنية الحراك النفسي للناس هؤلاء، وهم يتعاملون مع بعضهم بعضاً، ويتداولون فيما بينهم أخباراً عن «فضائح» من هذا النوع، رغم أن الفضيحة من حيث الدقة، لا تعني أكثر من بروز المستور، أو حصول خرق لما كان محظوراً الاقتراب منه، أو تسميته، لكننا إزاء سلسلة من الالتواءات/ الالتفافات التي تبقي وقائع تعني الناس في الصميم، وهي تستدعي الاعتراف بوجودها الأصلي، والسعي ليس إلى استئصالها، فهذا غير ممكن، ولا بأي شكل في ضوء المصرَّح به، وإنما كيفية تفهُّم الجسد الذي يُنظَر إليهم من خلاله، وهو «يتكلمهم» ويترجم داخلهم،

حيث الجسد لا يصنّف بوضعيته هذه موضوعاً، شيئاً، إنما فاعل قوة، يتطلب مزيداً من التفهُّم له!

ومن جهة ثالثة، فإن الممكن النظر فيه، ومن خلال ما تقدم، وهو مجرد التذكير بالحرام، النجس، الملعون، لا ينبغي أن يعفينا من وجوب التذكير بحقيقته. فهذا النجس، يحمل بصمة تثير الانتباه، لكن النجس في أصله، يحيل إلى ما كان أصلاً، أو ما يفترَض أنه الأصل، وهو في انبثاقته التكوينية، أو جبلّته الإلهية: المدنس/ المقدس. وبذلك فإن البشر الذين ينقسمون على أنفسهم، معنيون بمقدس الله لكي يتحدوا نسيان اسمه لمصلحتهم، ويقصوا المدنس الذي يسمّيهم، وليعملوا تحت وطأة الحرام، وهم لا يكفّون عن تأكيده قولاً وفعلاً، ليكونوا على تماس داخلي مباشر بالمقدس: طمأنينتهم المرسومة أو ما يُعتقَد أنها كذلك.

إن ما ينبغي علينا التنويه إليه هنا بالذات، هو ما توقف عنده رينيه جيرار، بصدد ازدواجية معاني اللفظة الواحدة، وهي التي تهمنا هنا، وهناك أكثر من مثال يوضح ذلك، إنما الأهم لدينا، وهي “Sacer « فهي (باللاتينية تترجَم، تارة بلفظة مقدس، وطوراً، بلفظة ملعون، نظراً إلى تضمنها دلالتيّ الخير والشر7.

ولعل مفهوم «العنف والمقدس» الذي عنونِ به كتابه، هو ذاته يحيلنا إلى مسألة في غاية الخطورة، ألا وهي أن الإنسان لا يفارق الإلهي، أو الإلهي لكي يضمن بقاء ديمومته، فلا بد من ذاكرة موغلة في القدم، لا بد من لسان يتهجى باسمه، ليكون على بيّنة بحقيقته. وهنا، ربما يكمن جوهر الفكرة ذات العلاقة بحقيقة سفاح القربى، إذ إن الذي يفكَّر فيه بخصوصه لا يعدِم نهايته، أو نفيه الكلي، إنما كيفية مداراته، ومن ثم كيفية إرضاء الخفي فيه، وهذا ما يمكن تلمسه مجدداً فيما ذهب إليه جيرار بقوله (إن الديني يرشد الناس إلى ما يتعين عليهم فعله، وعدم فعله تجنباً لقوة العنف المدمّر.8

هذا العنف المدمّر هو ما يُلمَح إليه، هو ما يخشى منه، عند عدم التذكير به، أو عدم التعرف عليه، بوصفه مشيراً إلى ما هو إلهي. فما جرى كان عنفاً مقدساً، وما أصيب به البشر كان عنفاً مدنساً، وهذا يعني أن يداووا عنفهم المدنس بعنف مقدس من جنسه، أي أن يحتموا بما هو إلهي، ليس في التصريح بأن ما كان داخلهم قد ولى كلياً، وإنما نوع من الاستتابة، أو التعتيم عليه، أو حتى محاولة تجاهله، وهو في بنيانه مشهد مسرحي لا ينقطع عن الوجود، كما هو دأب البشرية جمعاء. حيث إن مجرد التفكير في المحظور لا يعني تقيداً به، إنما التفكير بما جرى الحذر منه، أو منع مجاورته، أي ما يجعل المحظور ذاته عنفاً لا يدارى أو يجارى، إلا بتأكيد سلطته، ونوْل «جبايته» الدورية، لأن المحظور لاحق، وما يجري الحذر منه سابق، وبذلك يصبح البشر في حقيقة تكوينهم تراجيديين إلى أبعد الحدود، وملهاتيين من الخارج، بالنسبة إلى المفارق، للإلهي تحديداً؛ حيث يلتقي الرثاء والهجاء، وأن ما يرتكبه البشر من «إثم» بمفهومه الديني، تأكيد نسَب إلهي، حول جريمة كبرى.

أليس في هذا ما يدعو إلى الحفْر في جهاته، وفي طبقات المفهوم المتداخلة، والشيقة في آن، لأنها خاصتنا في العمق؟

إنني على يقين تام أن ما يتوجب على المرء القيام به، هو لزوم اتّباع خط الحظر، وعدم النظر إلى الوراء، أي السعي إلى نسيان معين، ينقلب إلى مشهد آخر يتخلص في وجوب، أو على الأقل إمكان النظر إلى الوراء، بغضّ النظر عن هذه المسافة التي تفصله عن النقطة التي أعلِم بضرورة النسيان، وهذا يعني ما ينبّه إلى خطورة واقعة، وخطورة جائزة الوقوع: إمكان حصول ذلك لاحقاً. إذ إن النسيان من حيث السلطة، في بعده المعرفي، يشكل قوة مضروبة الجانب، كونها التحدي الأكبر للذاكرة. ليس هذا فحسب، إنما يقيم في قلب الذاكرة، ويناورها ويخاتلها، بمقدار ما يتهددها باستمرار. فالحظر إلزام بالنسيان، والذي قد يكون تناسياً:

جواز حدوث الأمر، وتنفيذ المطلوب، ولكن المؤثّر هو فيما يجري في الداخل، على مستوى جسد لا يمكنه أن يسهِم في عملية النسيان، بما أن النسيان واقعة تذكر، ولأمر معين، أو شيء معين. أنكون بذلك دائرين في متاهة أو شبهها: أن ننسى ما علينا نسيانه، أي أن نتذكر ما ينبغي علينا الشطب عليه؟

ألا يجد الناس أنفسهم في صراع مضاعف، لأنهم هم أنفسهم في الحالتين: بين التفكير في جماع المتحصّل لديهم من المسلكيات، ومن الأقوال أو الأسماء ذات الصلة، والتفكير في المغاير الكلي، وداخل جسد لا ينقسم بسهولة؟!

من جهة أخرى، وهو ما أثقلَ علي كثيراً، وبمقدار ما كان ينبّهني إلى الموقف الصعب لميكانيزم النسيان الذي نعيه أو علينا تفهُّم درسه، وأعني بذلك: كيف يشدد الناس على وجوب تجنب سفاح القربى، كما هو منصوص عليه دينياً، وما يبدر منهم من تصرفات لفظية، تصدم السامع، أو المهتم بالموضوع، إنها ألفاظ لا تقتصر على كونها نابية فحسب، وإنما تشهد على أن النسيان عبارة عن لعبة مغلوبة على أمرها غالباً، طالما أنه يذكّر دائماً بما يجب على المخاطَبين نسيانه. وفي الآن عينه، يكون هؤلاء الناس في مواجهة ما لا يهتمون به بوصفه تعرية لحقيقة ما يتفكرونه ويتدبرونه:

من ذلك، كيف يجيز الأب لنفسه، في أن يشتم ابنه وهو يسبّه من نمط «افعلها في أمك» أو «أختك» أو سواهما من أفراد العائلة الواحدة حصراً؟ وحيث تكون الأم في الواجهة؟ كيف تجيز الأم لنفسها، حين تشتم بنتها، وتسبها من نمط «ليفعلها أبوك بك» أو أخوك»؟ وهذا ما يمكن التوسع فيه، وملء صفحات من الشتائم والسباب التي نسمع بها، وداخل العائلة في منطقتنا، واستخدام الأسماء الدقيقة «الأعضاء الجنسية» وباللغة المحكية تماماً وما لها من دلالة مباشرة لا تؤوَّل إنما تدرَك في

معناها في الحال «روحْ نيك أمَّك- بنتك- أختك...إلخ»، أو «روحي انتاكي من أبيكِ- أخيك- عمك...إلخ». وهذا ما يمكن تلمسه في الخصومات المتبادلة. سوى أن الجاري من قبل أفراد الأسرة/ العائلة الواحدة، وكيف يشتم أحدهم الآخر، في نطاق سفاح القربى، حيث لا يعود الموضوع مجرد «فشَّة خلق» كما يقال، أي سورة غضب، إذ إن هذه الحالة تعرّي ما هو متستَّر عليه، وتبيّن إلى أي درجة تكون المسافة بين هذا المحظور وفعل الهتك/ السفاح قصيرة جداً، إذ إن الكلمات تكون شاهد عيان على مختلف هذه الخروقات، مثلما أنها شاهد عيان على النقيض، وفي المقابل، فإنها لا تكف عن تنبيهنا إلى القلعة الوهمية والهشة التي يحصِر المرء/ أحدنا نفسه فيها، بزعم الحماية من تلك الآفة، وهي داخله طبعاً!

أما على الصعيد التاريخي، وفيما هو معلوم به، وكما ذكرنا سالفاً، فيمتد بين المدشَّن به إلهياً، وما بات يعرَف بعقدة «أوديب » وفي مجتمع ذكوري، تتخذ اللعبة هنا بدورها أكثر من صفة وطريقة تعبير في نطاق ما نحاول مكاشفته.

نتحدث هنا عن متعة منقسمة على نفسها، متعة لها سلطة غواية أو إغواء، ومن ثم استدراج إلى فخها اللحمي اللعوب، أو المحرَّم إنما المشتهى بطريقة ما، وإلا لما كان هذا الهتك القانوني لهذا المنحى الجنساني الذي قد يكون تعبيراً عن رغبة تخص طرفين، مهما كانت النسبة، أي حيث إننا نكون في مواجهة متعة مقيمة في الجسد، وثمة ما يقنّن بمرجعية إلهية، وفي ضوئها تمارس السلطة الفقهية الموكَّل إليها، في سياق ثقافي، إداري، تربوي للجسد، من منظور جنساني بالذات، في إقامة الحدود بين الأجساد تبعاً لتقديرات تخص شبكة العلاقات الاجتماعية، وحقيقة النَّسَب، ومن ثم الوراثة، والبنيان العائلي، وكذلك امتدادات علاقات الأخوة والأخوات خارجاً طبعاً...إلخ (فالخطاب الإلهي في جوهره، يستهدف إرشاد المتعة في وظيفتها الإنتاجية، وذلك من خلال إحداث تفاعل جسدي: ذكوري وأنوثي،

وفي الوقت نفسه، تكون هذه المتعة عاملاً مهماً في تشييد سلطة الرجل أكثر وتعزيزها مقابل امتلاك المرأة، وإلحاقها بالرجل. ومن جهة أخرى، فإن المتعة المضادة، وخصوصاً في تجليها الديني، كانت تغلف بكل ما من شأنه ترويع المسكون بها9.

وبالتالي، فإن ما هو متجذر بصيغ شتى، وما له عراقة تاريخ في النفس، وفي أرشيف المتع الجسدية تحديداً، لا يمكن لقرار، مهما كان منشؤه، طيّه وتعديمه كلياً، كما نسمع بوقائع وحوادث ذات صلة مباشرة بذلك، لنكون في مواجهة حقيقة مرة، وهي أن ما يمت بصلة عميقة إلى القوى النفسية، ليس من السهل تنحيته جانباً، ومن ثم الإيحاء بأن الموضوع قد أفرِغ منه، وأن العقاب أو الردع يقف له بالمرصاد.

ذلك ما يعيدنا كثيراً إلى عالمنا الاجتماعي والعائلي والذاتي، وما يخص من حالات خرق لهذا المحظور، ما يتسرب من هذه إلى الخارج، وما يشار إليه في بنيانات لها صلة بالمتخيَّل الفني، الأدبي، كما هو المقروء في نصوص روائية كبرى حديثاً. وهذه النصوص لا تختلق عوالم ذاتية محضة، أو تخاتل واقعاً هو أكثر من واقع، إنما كونها تعيش هواجس ومشاعر مكبوتة، وتكون مهمتها الكبرى التصدي لما يجري بالنسج الفني الذي يثير خيال القارئ، وإضاءة هذه الحقيقة المركَّبة، وحتى من زاوية التفكير النقدي، فإنه لا ينبغي الاستخفاف بأي حدث مهما بدا «عابراً».

وكما أشرتُ إلى ذلك، فإننا نعيش، كما نتنفس الآن في شبكة من السرديات الكبرى «إنها تلك التصورات أو المفاهيم التي نستهين بها أو نقلل من شأنها، أو نعتقد أننا نتحكم بها، وهي لا تنفك تؤثر في مجمل عواطفنا وطرق تعبيرنا عن العالم وفي بنى علاقاتنا فيما بيننا، في المجالات كافة»، من هنا كانت أكثر من كونها دروساً للفلسفة وفيها وبها، ومن ذلك أنها (أدوات بلاغية تقود توجهات أفكار البشر ولغتهم وسلوكهم نحو نقطة نهاية محددة، لكن السرديات الكبرى ليست الأدوات البلاغية الوحيدة

التي تعمل في حياتنا وعليها. تُعرَف الأدوات الأخرى بالمجازات البلاغية أو الشعرية، وخصوصاً عندما تتكرر في نص، وتُعتبر هذه المجازات بأنها «مجازات حاكمة» عندما تكون ضرورية لإيصال معنى النص وأهدافه.10

تلك سلوكياتنا التي تشبه الموشور، حيث تتعايش ألوان مختلفة، وهي قائمة في نطاق ما نقول ونفكّر فيه، وحيث إن ليس كل ما نقوله يستند إلى قاعدة إبلاغ عن حقيقة الذات، وما يصلها بمتعة غير مجازة، أو مسموح بالتعبير عنها كذلك، وليس كل ما نمارس في صمت، يجد طريقه إلى الخارج، ليكون مدار حديث الآخرين، وخاصة في منحى موضوعنا الجنساني الشديد الخطورة هنا، كما أنه ليس بمجاز، أن يصغَى إلى ما يقال أو يتردد بالمفهوم السلطوي ضمن قرار شرعي، أو فقهي، وباسم له عائده الديني الصارم، على أنه يقوم على حدّي: إما- أو، فثمة ما يقوم في الخفاء، ثمة ما يترجم سلوكياتنا، بوصفنا ذوات لها من الكثرة، إلى درجة استحالة حصرها، وفي عالم الراهن بجلاء، وعلى قدْر تلقينا لتعليمات أو مطالعاتنا، ومن ثم مشاهداتنا لما هو منتشر في المواقع الإلكترونية التي تغذّي متعيات محظورة كهذه.

هنا، تؤخَذ الحقيقة من الزاوية الأكثر أهلية للمساءلة، فيما إذا كانت في مستوى ذلك الاسم الذي يراد منها أن تكون عليه، أم إنها تخفي حقيقة مركَّبة، وهي فيما تصرّح به تكون بسيطة، أحادية الطرف، لا بل واستبدادية بعيداً عن معرفة جانب المثار في النفس، وأخذه بعين الاعتبار، أو اللزوم بعدم التنكر لقوته، فطنته، وتسرباته.

وهنا، أنوّه إلى ما أشار إليه باحث معني بسلطة الحقيقة وانقلاباتها، وما ليس حقيقة فيها بالذات، كما لو أنه يقرأ تاريخ الحقيقة، حقيقة ما نعيش، وحقيقة ما يراد منا أن نعيش كتوجيه أخلاقي (إن «الحقيقة» هي فكرة اقتتالية، فكرة تنتمي إلى مفردات العداوة والاقتتال والتنافس والنزاع

والصراع. ومتى وردت فكرة «الحقيقة» في الخطاب، فإنها تشير إلى حضور المتنافسين والمتنازعين والمتصارعين11.

تُرى، أين نحن، موقعاً، من هذه الحقيقة؟ حقيقة «سفاح القربى» حيث نضعها نحن بين مزدوجتين، من باب التحفظ، أو من باب إمعان النظر إلى خاصيتها، وربما، في قرارة أنفسنا، نفصح عن براءة ذمتنا من أي تهمة، قد توجَّه إلينا على أننا، بعملنا هذا، حيث ندعها وشأنها خارج التحديد، ربما نمارس دعاية لمتعة مقدَّرة فيها، بعيداً عن أي تقويم أخلاقي ذاتي، إنما هي مكاشفة قاعية، آثارية، لا تسبَر بسهولة!

يعني أننا ننطلق من عقدة «برج بابل»؛ حيث تتداخل ألسن وتنعقد، وتتعارض رؤى ومن ثم تتشكل روايات ذات صلة بمستجدات «برج بابل» وما هو أبعد منها، إنما أيضاً، ما يبقي هذه العقدة المركَّبة مفتوحة، وكل جواب يستحيل سؤالاً ومساءلة، حيث تكون العقدة المركَّبة هذه في مقام الدارة الكهربائية بمكوناتها الإلكترونية، أي عناصر نفسية ظاهرة قليلاً، وباطنة كثيراً، وما هو تفاوتي بين مجتمع وآخر، وحتى بالنسبة إلى المجتمع الواحد، من جهة إلى أخرى، جرّاء المؤثر الثقافي، وتلك هي من وجهة نظري عقدة برج بابل «سفاح القربى»، رغم كل ما يضاء به مفهوماً ودلالة، لأن المشكل يتقدم بصاحبه، أو بمجتمعه إلى الأمام، أو يتخلف عنه قليلاً، وسرعان ما يقفز إلى الواجهة، أو يطرأ على سطح الحدث هذا أو ذاك، تبعاً للمتغيرات طبعاً. وعليّ في الحالة هذه أن أكذّب ما يعتبَر ظناً، وما يتناهى إلى سمعي، وما أصادف في قراءاتي من خبريات تنسلُّ خارجاً بطرق شتى، عن هذا الـ «زنا المحارم»؟ أم عليّ أن أضغط على نفسي، وأنا معزّز لخاصية قانونية وعُرفية ترسم حدود هذه العلاقات بطابعها الجنساني، رغم استحالة ذلك، مثل من يطالب راكب زورق وهو في قلب البحر، بأن يقطع حيّزاً بحرياً له، ويأمن مفاجآت البحر وأمواجه؟ حيث إن حديث

الجنس لا يترجمه وينهيه بنقله من موقع إلى آخر، ولا يستدرجه، ليحيله إلى موقع خارج مؤتاه العضوي، ويُرتاح من أمره، كما هو معلوم، إنما يصفه، أو أنه حين يشير إليه، فإنه على حذر، ولا بد من ذلك، اعترافاً بأنه لا يحاط به بيسر، بأنه فيما هو عليه، لا يطيع إلا قليلاً، فله الخفاء وسريان فعل المكبوت وضغوطه.

ولا بد أن أشير إلى أن اهتمام النصوص الأدبية «الروائية» بالذات، بهذه الواقعة ذات النسَب العضوي المعروف، وتنامي مؤثرات سفاح القربى هنا وهناك، وتحت وطأة محفّزات، ربما لا تترك أثراً للشيطان ذاته، إنما ما تصعنه نفوس المعنيين بذلك، أن ذلك فاعل معرفي وإيعازي إلى مدى حيوية هذا الموضوع ودقته، كما في روايات «مرتفعات وذرنج» لإميلي برونتي، و «امتداح الخالة» لماريو فارغاس يوسا، و «سفاح القربى» لكريستين أنغو، أي الاسم نفسه، وما في ذلك من جرأة تحدّ وروحية مغامرة وسفور وتعرية للواقعة الجنسانية، ومن ثم روايتها الأخرى، والأحدث «أسبوع عطلة»، و «بصقة في وجه الحياة» لفؤاد التكرلي، و «الصمت...سكيزوفرينيا» لهند الزيادي، و «أصابع لوليتا» لواسيني الأعرج، و «صخب» لقاسم توفيق، و «الموتى لا ينتحرون» لسامح خضر...إلخ، حيث إنها لجديرة بالدراسة، وكلٌّ في موقعها، ومجتمعها، وبيئتها...!

نعم، إنها حالات سفاح القربى، والتي دفعت بي إلى الاهتمام بها طويلاً، وذُهِلت وأنا أجدني أمام هذه الجمهرة الكبرى من المشاهد/ المقاطع الفيديوية: الحية، المباشرة، أي البورنوغرافية: أي الإباحية الهاتكة، وفي وضعيات شتى، ومن قبل مختلف أفراد العائلة: من الأب إلى الابن، الأخ، العم، الصهر... مع الأم، البنت، الأخت، الخالة، العمة، الحماة...إلخ، وأنا أحاول ضبط نفسي، أو أتابع في صمت، لئلا يفهَم ما أشاهده خارج العمل البحثي.

وقد تشكلت لدي مئات النماذج، بوضعياتها، ومع جنسيات مختلفة، وكيفية الاتصال، وما يمكن المساءلة حول هذا المعروض: من وراءه، من هؤلاء الذين يمارسون سفاح القربى واقعاً؟ كيف تتم عملية التصوير؟ كيف يمكن التعرض لوضعيات كهذه؟ ما الممكن القيام به بالتالي..؟

إنها أسئلة تستغرق مئات وربما آلاف الصفحات، لحظة البحث في كل شاردة وواردة في هذا المضمار، في المنحى الديني، فالقانوني، والشرعي، ومن ثم النفسي، كما في مفهوم «الانحراف» ودوره في هذا «الجرْم» الخاص!

وصحبة الصور الحية المعروضة، ثمة العناوين التي تشير إلى ذلك، وما يلي كل عنوان من توصيف للحالة، وحتى بالنسبة إلى العمل المعروض، والعبارة المتكررة «وأحلى نيكة ساخنة»، حيث العامية هي الأطغى في التعريف، وهي نقطة أخرى، خطِرة بدلالتها، وما إذا كان المعتمد عليها، قد تعمد كتابتها لإبعاد «الشبهة» عمن يكون حقاً، إما أنه هو نفسه بأسلوبه وثقافته، وما يعنيه هذا التحديد في الأسلوب والتعريف والتوصيف من لزوم مساءلة الشخص أو الفاعل، والذي قد يكون امرأة، أو فتاة معينة، حيث لكل حالة ما يرفَق بها من مكاشفة ثقافية: نفسية، اجتماعية، وتربوية... إلخ، ومن ثم ما يجعلنا أكثر تقبلاً للحقيقة رغم مرارتها، بحيث لا نكون على مستوى معايشة المفهوم «سفاح القربى» مجرد كائنات من صنع القانون، إنما كائنات تخضع لسلطة قانون له سجل بتاريخ نشأته، وليس محمياً من أسئلة تخص مسوّغ نشأته، أو وضعه، ومن يكون وراءه، وما إذا كان يطبَّق بحذافيره أم لا، ما إذا كان الذي يخترقه محمياً بقانون عائد إلى موقعه، وخاصيته الاجتماعية، ما إذا هناك سيستام ثقافي يسهِم في التغبيش على المفهوم المحظور، أو يضيئه وكيف. إذ ليس البشر متساوين إزاءه وعياً وثقافة، وليست البيئة وتضاريسها وأقاليمها، من ناحية الأخرى، بواحدة بالمقابل، ولا موقع السلطة المراقبة بثابت في المتابعة، لهذا يمكن التنويه إلى المناورات وحالات التقية في ذلك، وكيف يكون الكذب فاعلاً

مسمّى المتعة بصورة ما أو بأخرى، حيث يكون له مغذياً في سياساته جهة تمثيل المتعة هذه، و(صحيح أنه تم التقيد تماماً بالمحرمات في أماكن بعينها، لكن الخجول، الذي لا يستطيع دائماً كبح القانون، والذي يغضُّ بصره، يتحول إلى موضوع للاحتقار في كل مكان.. إن ضرورة كبح المحرم مرة، حتى وإن كان مقدساً، لا يختزل مبدأه حد العدم. فذلك الذي كذب كثيراً، ويدعي بالرغم من ذلك بأن «الشيء الوحيد المؤذي» كان الكذب، سيظل متشبثاً حتى موته بالحماس للحقيقة 12.

ويمكن للمهتم أن يذهب أبعد من كل ذلك، جرّاء المنوَّه إليه ومحاذيره وملابساته كذلك، وهو يلاحظ هذا الكم الهائل والمخيف حقاً، حيث كثيراً، ما تمهّد الفاعلة: الأم، الأخت، الخالة، العمة، أو أي صنف مذكور في لائحة التحريم، لهذا «الخرق» وعيناها تركّزان على عيني المتابع، وهذا ينطبق على الفاعل وهو يصور، أو يظهر عضوه، بصدد الجهة التي تمرّر لكل ذلك، وفي مجتمع محافظ أحياناً. ذلك ما يمكن تتبعه، أو تحرّي شعيرات البحث الرفيعة، ولو بإيجاز شديد، حيث الموضوع يتميز بخاصيته التاريخية والثقافية، إذ إن الأسئلة التي يمكن طرحها لكثيرة. أسئلة تستغرق مئات وربما آلاف الصفحات، لحظة البحث في كل شاردة وواردة في هذا المضمار، في المنحى الديني، فالقانوني، والشرعي، ومن ثم النفسي، كما في مفهوم «الانحراف» ودوره في هذا «الجزم» الخاص!

ومن المؤكد أن الذي تطالعنا به مواقع «النت» تحفّز فينا هذه الإرادة البحثية، إلى جانب الدراسات المحتفظة ببعد مؤثّر فكرياً، أو سوسيولوجياً، رغم لزوم الحذر، تجنباً لمشاكل جانبية، لها صلة أحياناً، بفاعلين بطريقة ما في حدوث ذلك.

إن الملحق المتعلق بما هو تطبيقي له صلة بالبورنويات، يضيء ولو بشكل سريع جوانب مما نصطدم به، ولكن القليل أو الموجز هذا يفيد في المزيد من البحث والاستقصاء، ونزع قشرة الصمت/ التصميت السميكة

والمنخورة كذلك. فلنمض، ما أمكن، إلى مكاشفة أرشيفنا النفسي مباشرة، من دون المرور بالشيطان الذي أثقلنا عليه بتبعات أخطائنا وما أكثرها، وما أشدّها عنفَ تقويم، وسيطرة!

إشارات

1. ليرنر، غيردا: نشأة النظام الأبوي، ترجمة: أسامة إسبر، مراجع الأب: بولس وهبة، منشورات المنظمة العربية للترجمة، بيروت، ط1، 2013، ص 29. ويمكن للقارئ أن يتابع التبحّر في الموضوع تحت مظلة البطرياركية «أو النظام الأبوي» وتداعياته، واستلهاماته، وإمضاءة قوته الذكورية، في الفصل السادس منه «تحجيب النساء» والذي يعادل تغييب الحضور النسوي، أو تغليب الذكورة، إن جاز التعبير، لحظة الحديث عن الدعارة وكيف كانت ثمرة علاقة بين المرأة وبنيانها البيولوجي وتداخله مع ما هو طبيعي، حيث تبرز «الأم الكبرى» وعطاءاتها، ليكون الهيكل الذي نذرت فيه المرأة نفسها باعتبارها عاهرة، تصريفاً آخر، شديد المغايرة لما جرى اعتماده تالياً، على مستوى الاعتبار، أي بوصف العهر تمثيلاً حياً للطبيعة بالذات، ليكون الجسد الذي يمضي عليه أكثر من رجل عابر سبيل، أو داخل إلى الهيكل: المعبد، إمضاءته، وما في ذلك من إثراء اعتباري لحقيقة المرأة تلك، وليس إنقاصاً من حقيقتها. إذ كل ما يصدر عنه كان يثمَّن، وكل متعة كانت من ناحية الثقافة القائمة موضع تقدير، وليس من هدر يعنَّف، فتتقدم المرأة بجسدها، وغناها البيولوجي، أو قابلية هِبَاتها على الرجل الذي كان في مرتبة الشاهد، أو السارد الذي يصف أو يدوّن ما يجري (هكذا، تطورت طبقة منفصلة من عاهرات الهيكل. ما يبدو أنه حدث هو أن الخدمة الجنسية للإله أو الإلهات ولصالحهم اعتبرت مفيدة للناس ومقدسة. وتنوعتْ الممارسات مع الآلهة، في الأمكنة المختلفة، والحقب المختلفة. كانت هناك أيضاً، خاصة في الفترة اللاحقة، دعارة تجارية، ازدهرت قرب أو داخل الهيكل. مرة ثانية، كان الباحثون الحديثون يشوّشون المسألة بالإشارة

إلى ذلك النشاط كدعارة وباستخدام مصطلح «عبدة الهيكل» من دون أن يميّزوا بين الأنماط المختلفة من النساء المنخرطات في النشاط الجنسي الديني أو التجاري...ص248). ذلك من شأنه الفصل بين تاريخ وتاريخ، بين مفهوم جنس وآخر، بين التعريف بالجسد الأنثوي، وتحقيبه تاريخياً، أو تبيان مقاصده، على صعيد الجنسانية، وكيف أن «التواقيع» الممضية على الجسد الأنثوي عبر مراحل التاريخ المختلفة، تفصح عن قوى فاعلة، ذات منحى سلطوي وثقافي، إلى جانب كونها تمدّنا بأسباب القوة المعرفية، أو إرادة المعرفة، والتي تضمن لنا مزيداً من حرية التنقيب في ركاميات هذا الجسد، وفصل المقال بين الجسد المعتبَر وهو منذور للآخرين، اعترافاً بعظمة الطبيعة ومحاكاتها، والجسد المخرَج بلقب أو مسمّى آخر، أي مع غياب أو تغييب لسلطة الطبيعة أو قانونها، دون إغفال القانون المستحدث والذي أعدّه الرجل المسيطر في لحظة من التاريخ، ليكون لدينا انعطاف قيمي، أو تاريخي، تصبح المرأة التي كانت في عمومها مقدسة أثراً بعد عين، بالرغم من أن الكثير مما هو متداول في أيامنا هذه، لا يخفي البعد أو العمق الميثولوجي لذلك الجسد العتيد والتليد والملهِم في مخيالات الشعراء والفنانين، وما هو عالق تحت ألسنة الآثاريين، أو ينتظر الكلام في متون اللقى «الأثرية» أو المنحوتات التي ترجعنا إلى ماض بعيد، وصلة اللغة وتحولاتها، ببنيتها وتعابيرها، ونظام الدلالة في مبناها ومعناها اليوم، جهة الموقف من المرأة، والخوف منها، وطرق النظر إليها!

2. إيكو، امبرتو: السيميائية وفلسفة اللغة، ترجمة: د. أحمد الصمعي، المنشورات العربية للترجمة، بيروت، ط1، 2005، ص 366.

3. دريدا، جاك: أركيولوجيا التوهم «انطباع فرويدي»، ترجمه عن الفرنسية: عزيز توما، شارك في الترجمة وقدّم له وعلق عليه: ابراهيم محمود، مركز الإنماء الحضاري، حلب، ط2004،1، ص 19-16.

4. L'INCESTE: Un tabou entretenu par un flou juridique, 3 :p ,2016 ,www.femmesprevoyantes.be.

5. حمودة، صلاح: بحث عن زنا المحارم، بحث علمي كامل جاهز عن زنا المحارم، 2017، مستل إنترنتي.
6. محل، محمد لفتة: رؤية اجتماعية لزنا المحارم، موقع «الحوار المتمدن» الإلكتروني، 7-13، 2015، وكما هو ملاحَظ، كما هو ممكن الرجوع إلى المقال كاملاً، ثمة أخطاء نحوية ولغوية في نص المقال، وضعف في تركيب الجمل، لم أتدخل فيها، لأن هناك ما هو واضح في بنية المكتوب، وما هو جدّي في المثار بالمقابل.

أذكّر ببعض مما ورد في قراءة كتاب «قصة الجنس لبرونو وكورين: في البدء كان سفاح القربى» لـ روجيه عوطة، الإثنين20/11/2017، موقع المدن الإلكتروني، والذي يفيد ما أشيرَ إليه في المعتبَر متناً: (كيف تبدل المُعاش الجنسي للإنسانية؟ هذا هو الاستفهام، الذي تطرحه القصة المصورة التي سردها ورسمها كل من الطبيب النفسي فيليب برونو، والفنانة ليتيسيا كورين. ولكي يجيب الإثنان عليه، ينطلقان من «الأصول»، وتحديداً من تكون الأعضاء الجنسية للنوع البشري قبل مليوني عام. إنما تجلَّت «أصول الجنسانية» بأسطورة مؤسسة، وهي أسطورة الخلق الدينية، التي يشدد المؤلفون على كونها فتحت الباب للربط بين العري والحياء، والجنس والتكاثر. وبالإستناد إلى الصلة بين آدم وحواء، وقتل قابيل لهابيل، وزواجه ممن يفترض أنها أمه، يخلص المؤلفان إلى أنه في البدء كان سفاح القربى. بعد الأسطورة، يتنقل برونو وكورين بين الحضارات القديمة، من بابل إلى مصر، فاليونان، فروما. في بابل، كان الزوج «يمتلك» زوجته، وفي الوقت نفسه، يحق له أن يمارس الجنس مع غيرها، أكانت امرأة أم رجلاً، لا سيما في الحانات. في مصر، كان رمسيس الثاني يستمني في النيل من أجل مدّه بالقوة والخصوبة. وفي اليونان، لاحت مساعي أبقراط لعلاج العقم بواسطة أحد «الاختبارات»: إشعال النار، وحرق بعض أوراق الشجر فيها، وإجلاس المرأة فوقها. إذا لم يخرج الدخان من فمها، تكون عاقراً، وفي النتيجة، كانت النساء كلهن عاقرات!

وفي روما، يكتب أوفيد "فن الحب" الذي يخل بآداب الزواج، ويثور العلاقة الجنسية بين المرأة والرجل، الأمر الذي يدفع الإمبراطور أغسطس إلى معاقبته بالنفي

يصوب برونو وكورين بعض المعلومات الشائعة حول الجنسانية. فمثلاً، لم يجر اختراع حزام العفة خلال القرون الوسطى، بل في عصر النهضة. وفي الفترة نفسها، لم يكن موجوداً «الحق في المفاخذة»، الذي يمارسه الأسياد حيال زوجات عبيدهم وخادميهم. كما أن البغاء كان دارجاً في القرون الوسطى، بحيث حظيت بائعات الهوى بدور معين، وهو حماية الزوجات من حمية أزواجهن، فضلاً عن كون الكرخانات مصدر مال للبلديات والإقطاعيات والأديرة. وذلك، إلى أن أقدم الملك لويس التاسع على منع البغاء في العام 1254، ولاحقاً، أعاد تنظيم أمكنته، ناقلاً الكرخانات من المدينة إلى أطرافها. تتعدد شخصيات «قصة الجنس»، سياسيةً وتاريخية وأدبية. فيوصف فيكتور هوغو، على سبيل المثال لا الحصر، بالفحل، فهو الذي يمارس الجنس تسع مرات في اليوم، ما أدى إلى معاناة زوجته، أديل. أنجب هوغو من أديل إياها، خمسة أولاد، خلال ستة أعوام. ومن ثم، انفصلت عنه، «بسبب حدة شهوته»، واقترنت بالناقد سانت-بوف. تعرف هوغو على جولييت، تركها، وتعرف على ليوني التي كانت تصغره بالسن. أوقفتهما الشرطة بتهمة الزنا، أطلقت سراح هوغو، واعتقلت ليوني، لأن «الفجور نسائي فقط». حتى موته، خاض هوغو مغامراته الجنسية مع عشيقاته المتنوعات، وهذا ما سجله في دفاتره السرية

في رسم طريف، وسرد يسير، يروي برونو وكورين قصة الجنس، ولا يتوقفان عند قرننا، والعقد الثاني منه تحديداً. لكنهما يتوقعان أطوار الجنسانية المقبلة، التي تدور في عالمٍ يحاول، وبحسبهما، كل جهده لإزالة الرغبة الجنسية...) في المقالين ثمة ما يستحق النظر فيه، جهة التاريخ، وجهة المجتمع، وكيف يمارس «القانون» لعبته هنا وهناك!

7. جيرار، رينيه: العنف والمقدس، ترجمة: سميرة ريشا، مراجعة: د. جورج سليمان، منشورات المنظمة العربية للترجمة، بيروت، ط1، 2009، ص 433.

أحيل هنا بالمقابل إلى دراسة شريفة مودود: «النظريات المفسّرة لمنع زنا المحارم، المبررات البيولوجية، النفسية، والسوسيولوجية»، جامعة الجزائر الثانية، الموقع الإلكتروني platform.almanhal.com، حيث تبدو دراستها لافتة بجدّيتها، سوى أنها منذ البداية تشكو نقصاً في الربط والتعمق، كما في هذا المدوَّن بداية تقريباً، جهة الحديث عن زنا المحارم أجنبياً (ويمكن التعبير عن زنا المحارم inceste بعدة مصطلحات، مثل جماع المحارم، زنا الأقارب، ارتكاب المحارم، الفاحشة بين ذوي القربى، معاشرة الأقارب والمحارم، سفاح القربى، وهي كلمة تحمل دلالة واحدة، وهي في اللغة الإنكليزية incest، والألمانية inzest، والاسبانية incesto، والإيطالية incest، والكلمة ذات أصل لاتيني، وكلمة incestum، في اللاتينية الكلاسيكية تعني تدنيس، انتهاك الحرمات « sacrilège »، وكلمة incestus، تعني مدنس « inpur » تتكون من « in » و « cestus » وتعني فاضل وطاهر Vertueux, chaste). إذ القول منقول من مرجع خارجي، لكن، وكما رأينا، فإن المدنس نفسه يتداخل مع المقدس، أو المقدس مع الملعون، وهي إشارة أو ملاحظة رئيسة في المنطلق، كي نتحرى في المفهوم المركَّب لما نحن نتعرض له، وذلك يشكل تاريخاً شائقاً وشيقاً بالنسبة إلى أي كلمة مركَّبة أساساً

8. المصدر نفسه، ص 436.
9. محمود، إبراهيم: المتعة المحظورة «الشذوذ الجنسي في تاريخ العربـ "، رياض الريس، بيروت، ط1، 2000، ص 34.
10. واتسون- فورسمان- فوسل: «التفكير النقدي، مدخل إلى الجدالات الكبرى»، ترجمة: متيم الضايع، دار الحوار، اللاذقية، ط1، 2018، ص 490.
11. باومان، زيجمونت- دونسكيس، ليونيداس: الشر السائل «العيش مع اللابديل»، ترجمة: حجاج أبو جبر- تقديم: هبة رءوف عزت، الشبكة العربية للأبحاث، بيروت، ط1، 2018، ص 132.
12. إيكو، أمبرتو: دروس في الأخلاق، ترجمة: سعيد بنكَراد، المركز الثقافي العربي، بيروت،ط1، 2010، ص 132.

الفصل الأول

هل بالإمكان التعريف بسفاح القربى تاريخياً؟

ومع ذلك، إذا مورس حظر سفاح المحارم بعمق، وتم تفهُّمه في الجينات على أنه فطري، فلماذا تمنعه؟ إن عالم الأنثروبولوجيا فريزر، المعاصر لفرويد، يشكل انعكاساً جريئاً في فجر القرن التاسع عشر: «ليس من الواضح لماذا تحتاج غريزة إنسانية عميقة الجذور إلى تعزيزها بقانون. لا يوجد قانون يأمر الإنسان بتناول الطعام والشراب أو منعه من وضع يديه في النار». وهكذا فإن فريزر يسلط الضوء على الحاجة القهرية للرجل للقتل (وبالتالي حظر القتل d'où l'interdit du meurtre) وارتكاب زنا المحارم.

وإذا كان فرويد قد استخدم هذا التأمل لإدخال عقدة أوديب في عملية تحديد الهوية processus d'identifications، فإنه يجمد الطفل في دوره في الكشف عن دافع سفاح المحارم القاتل impulsion incestueuse من خلال التصعيد بالنظرة: «نظرة الطفل إلى الوالد».

« L'inceste, Monsieur, êtes-vous sûr qu'il soit vraiment interdit...? », www.maisonmedicale.org.

***

من أين جيء بـ «سفاح القربى»؟ لا بد أن هناك اتفاقاً اجتماعياً معيناً، مهما كان سيستامه المعرفي، هو الذي وضع حدوداً، معتبِراً كل ما يتجاوز الحدود، يكون تعدياً على راسميها، والجرف من جهته، يتناسب ودرجة، ومن يكون الجاني!

إن محتوى هذه العبارات (ليس هناك ما هو أكثر صعوبة وبالتالي أكثر ندرة في تنظيرنا من الشعور المتوازن بالتنوع ووحدة المجتمعات la diversité et de l'unité des sociétés والرجال، والأديان تالياً، ومن ثم التأثير الدقيق للمتغيّر داخلها، وما تبقى. وإذا كان باستطاعة المرء أن يدعو إلى الانفتاح على التنوع والاختلاف، أو المعنى التاريخي أو الإثنوغرافي، فإن الحساسية تجاه الهوية تستحق اسم المعنى الأنثروبولوجي. كونها مشكلة ترجيح الوحدة والتنوع والآخر تماماً C'est ce problème de pondérer exactement l'unité et la diversité, le même et l'autre، مشكلة يواجهها علم الأعراق، حيث نعتبر المجتمعات مختلفة جداً عن زاوية تعايشها المكاني، وحيث ينظَر في التاريخ في تعاقب تعديلاته الزمنية، في ممارسة التبادلات أو السياسات، إذ إن أدنى تحول في تعظيم أو تقليل الاختلافات يكون بعيد المدى، وكثيراً ما يكون كارثياً، كالتعظيم أو التقليل إلى الحد الأدنى من الوحدة.).

يكاد ينير مسارنا البحثي، ونحن في مواجهة هذا المشكل التاريخي المستديم، وهو المشكل الذي يُسمّي ضمناً ما يمتد بنا إلى ما وراء القائم خارج نطاق التاريخ المفصَح عنه، وهو الذي يستبقي «سفاح القربى» في عراء التاريخ المطلوب ضبطه أكثر مما هو عليه، وإحلال الأكثر توازناً وصواب اعتبار محله، وتحديداً، لأن سفاح القربى بتاريخه المتشعب يقلقنا كثيراً، وهو لا يقلقنا لأنه، ببساطة، يفلت من سيطرتنا الجماعية، حيث تكون له في وضعه البيولوجي والشهوي جيوب استقرار، وممرات تحرك، وفتحات انبعاث.

تُرى، كيف يمكن إقامة علاقة معرفية- تاريخية معه؟ تبعاً لأي مفهوم يكون النظر فيه وإليه هو الأسلم والأكثر نجاعة؟ كيف يمكن لسفاح القربى أن يكون واضحاً، في الوقت الذي ينطوي فيه على توصيف يخل بأصله؟ أي ما يكون قربى، وما يعرّض القربى هذه للصدمات وإخراجها إلى نطاق المشاهدة الكاشفة، واستثارة الذكرة المكانية، بتأثير سفاحي!

كيف بدأ السفاح، ومن الذي باشره، وكيف جرى التعامل معه؟

ومن جهة أخرى: أليس في الإمكان إخضاع منطق التاريخ لمنطق السؤال الكاشف، وهو العائد إلى التفريق بين سفاح وآخر؟ فثمة أناس مرصودون، ثمة أناس ما أسهل الإيقاع بهم، واعتبارهم مجرمين لا أخلاقيين، وإنزال أقصى أنواع العقاب بهم، لتحقيق أكثر من هدف، قد لا يكون الدافع المجتمعي في واجهة المقاضاة، نظراً لنوعية «الجريمة» ومن يكون مرتكبها، ويكون هناك من يمارسون أكثر من جريمة أخلاقية وبشكل لافت، سوى أن المكانة الاجتماعية تشكل متراساً حامياً، وحاجزاً يحول دون التعرض له.

فنميز هنا بين واقعة وأخرى، قد تكونان في المكان ذاته، أو في مكانين متقابلين، ومن العمر ذاته، إلا أن العمر الاجتماعي والاعتباري يشكّل من جهته حجر عثرة أمام كل من يسعى إلى كشف النقاب عن صاحبه، وقد ارتكب جانحة. أي ما يخرجنا من دائرة الدين بالذات، للوقوف على حقيقة لافتة، وهي أن مفهوم سفاح القربى لم يكن «إبداعاً» دينياً على الإطلاق، وليس في مقدور أي دين من الأديان المعروفة في منطقتنا «السماوية تحديداً» تنسيب هذا المفهوم إليه، من دون أي مسلك طقوسي، أو شعائري ومعتقداتي لدى جماعات أو شعوب يُزعَم أنها «بدائية» ولكنها صارمة في تمثّله وتطبيقه.

هذه الملاحَظة، يُراد منها، **أولاً**: توسيع زاوية النظر، بغية التعرف إلى الجسد وأنشطته أو غرائزه وآلية عمله، وتلك القوانين أو أوجه الضبط

التي تفرَض عليه بعيداً عن أي مرجعية متعالية، إنما مراجعية «وضعية» أرضية بالكامل.

ثانياً: لمعرفة أكثر رحابة وتعمقاً للبشرية وكيف واجهت هذا المشكل في أمكنة متباعدة عن بعضها بعضاً، وتكون بين أفرادها نقاط مشتركة، تعزيزاً لتفهم كل منها الدور السلبي لهذا المشكل، ومن ذلك نخْر المجتمع

ثالثاً: ليكون في مقدور أي كان، النظر في المشكلة في نطاق مجتمعه أو محيطه، وليس بزعم أن ما برع فيه، أو توصَّل إليه كحل، انعدم وجود نظير له، كما هو المأثور على «أدياننا» السماوية، وفي الإسلام بصورة مركَّزة

ذلك، من شأنه التأكيد الآخر على مقولة ربط كل دين ببيئته وثقافته لحظة انطلاقته، وهو الإجراء الأمثل لمعرفة البنية الثقافية التي كانت وراء هذا الدين أو ذاك، وكيف تحركت هذه الثقافة فيما بعد لتتلون بمؤثرات دينية تجاوباً مع حراك سياسي، اجتماعي، تربوي، على أرضية التعبير عن ذات مركزية مفصَح عنها بلغة تسيّدها على سواها.

وفي ضوء هذه الخطاطات التصوراتية، كيف يمكن تتبع الحراك الجنساني لمفهوم سفاح القربى؟ كيف يسهل النظر فيه، والتقاط العلامات الفارقة له، بالطريقة التي تضعنا في صورته ماضياً وحاضراً، وما يتعرض له من تغيرات؟

ولا شك أن لجسد المرأة الحضور الطاغي في هذا المعمعان التاريخي- الثقافي، وكيفية تداخل الديني- الدنيوي، بناء على تلك الرهانات التي تترجم نوعية السلطة القائمة، ومن يمثّلها، إذ إن المرأة كانت، ومازالت «الدينامو» الأكثر اعتماداً في هذه الأنشطة العملية والنظرية، ومختلف الأدبيات التي عرفتها البشرية، أي أقرب ما تكون بـ«فأر» تجارب، حيث إنني في الوقت الذي أستشعر إهانة للجنس الذي أنتمي إليه، وللرحم الذي أبصرت الدنيا بفضل كبير منه طبعاً، أرى أن هذه الاستعارة تقرّبنا من الوضع المهين للجسد النسوي، طالما أن المخاطَب، والموجّه، والكائن العاقل أولاً، هو الرجل!

لعل الذي تعرَّض له فرويد قبل أكثر من قرن كامل، حول هذا الموضوع، يظهِر طبيعة الاهتمام بالموضوع، وتأكيد مكانته التاريخية، وفي إطار نظريته الشاملة عن الجنس «الليبيدو» وكيف أن هذه النظرية تجمع إليها الحياة والموت.

لكن فرويد اليهودي الأصل، لم يبحث في هذا المفهوم اعتماداً على النص اليهودي، أو أي نص ديني آخر، كما هو ملاحَظ من مقاله المكتوب سنة 1912، ونشِر في كتابه الشهير «الطوطم والتابو» وإنما لدى شعوب تعتبر بدائية «متوحشة» ارتكازاً إلى الاثنوغرافي الكبير جيمس فريزر «1854- 1941» الذي سبق فرويد في الولادة، وتأخر عنه في الموت، حيث جمع خزاناً هائلاً من المعلومات عن تلك الشعوب جرّاء معايشته معها واحتكاكه بها.

لعل هذا الانشغال بطبيعة الجنس والزواج تحديداً لدى تلك الشعوب، يرجع إلى ما يمكن اعتباره نقطة مؤثّرة في موقفه من الدين نفسه ووضعه في نطاق الدنيوة، أي ما يجعل من الدنيوي مغذياً للديني وليس العكس، ما يجعل البشر في مجموعهم فاعلين في بلورة الديني وتشعبه، وليس أن يكونوا مشدودين إليه، وربما دون ذلك، لا تفهَم نظريته تلك.

ذلك ما يمكن تبيّنه في كتاب مهم له، صدر في أواخر حياته، حين يقارن بين أكلة لحوم البشر، وسفاح المحارم، مشيراً إلى مدى نفورهم من آكلي لحوم البشر بعكس الطرف الثاني (فلا يزال في وسعنا اليوم أن نتحسس وراء ستار الحظر قوة حب المحارم، كذلك لا يزال القتل ضمن نطاق الحضارة، وفي بعض الشروط، عادة متبعة بل مفروضة)2.

وهذا ما يدفع به إلى دخول معمعة الدنيوي، واعتبار الخائض فيه هو الرئيس، وليس هناك ما يستحق النظر فيه خارجاً، كما في حال الأفكار الدينية، وقد ربطها بالحضارة، وهذه بالأنشطة المادية أو البشرية الصرفة (ولعل شعور الغرابة الذي أشرت إليه، يرجع جزئياً إلى اعتيادنا على تصوير

ذلك التراث من الأفكار الدينية لأنفسنا باعتباره وحياً منزلاً. لكن هذا بذاته، ومن الأساس، جزء من النظام الديني، وهذا ما يحمل الناس على أن يسقِطوا من الاعتبار كل التطور التاريخي المعروف لتلك الأفكار وتبدلاتها بحسب اختلاف العصور واختلاف الحضارات).

ذلك ما يبقينا في الساحة الأوسع للدنيوي بالنسبة إليه، لنكون أقدر على هضم طروحاته، والبنية الفكرية لها.

كيف أقام فرويد علاقته مع فكرة/ مفهوم سفاح القربى؟

كما نوهنا سابقاً، لقد كان فريزر هو من أمَّن له قائمة المواد التي يحتاجها، ليصوغ من خلالها نظريته الضمنية بصدد تهيب سفاح المحارم، وفي جماعة بشرية تعتبَر وحشية، سوى أنها في جانب القرابة الدموية بدت شديدة الحساسية والفطنة.

يظهر في كتابته وتفكيره مقتفياً آثار فريزر الذي احتك بشعوب «بدائية» أصيلة في أستراليا، وهو يرتبها بما يفيد فكرته، منطلقاً مما هو محرَّم، في هيئة حيوان، ويحذّر لمسه أو الإساءة إليه، بحيث إن الذين يحرّمون لمسه ينتمون إليه4.

تُستشَف من هذا التحديد الجغرافي كيفية نشأة القدسي الذي يحمل بصمة الإنسان بالذات (في كل مكان، يسود فيه قانون الطوطم، يسود قانون بأن أتباع نفس الطوطم لا يجوز أن تنشأ بينهم علاقات جنسية، وبالتالي، لا يجوز أن يتزاوجوا، وهذا هو التزاوج الخارجي المرتبط بالطوطم. ص 25).

أن نستوعب درس فرويد النفسي والثقافي، هو أن نحاط علماً بجغرافية من ركّز عليهم، وكيفية تلقيه لخميرة فكرته بالمقابل، أي ناحية التفاعل المستمر مع الطبيعة وكائناتها، ومن دون ذلك لانعدم الانتماء الحيواني الموسوم، وما في البيئة هذه من إمكان تقسيم موجوداتها، ليسهل التعامل معها، بين أن تكون مقدسة، وأن تكون صالحة لاستخدامها في الطعام

ومن هنا يأتي الحظر الذي يُتخوَّف منه كثيراً، كمعنى (1 إن انتهاك هذا الحظر لا يترك لعقاب يصيب الجاني تلقائياً، كما هو الأمر لدى المحظورات الطوطمية الأخرى، مثلاً، قتل الحيوان الطوطمي، بل يعاقَب عليه أشد العقوبة من قبل كامل القبيلة. فكأن القبيلة تدفع عن نفسها خطراً يهدد الجماعة بأكملها، أو خطيئة تثقل على صدرها. ص 26).

علينا بدورنا عدم الاستغراب من هذا التصرف الجماعي، والذي يمحور ذاكرة الجماعة القائمة في رقعة جغرافية معينة حول نقطة معينة، تعتَبر علامة خلاصهم أو سبب موتهم الزؤام، إذ بما أن الجماعة هذه متحدة في مصير واحد، وتعيش في رقعة أرضية واحدة، وهي التي تقدَّم لها ما تحتاجه من طعام، أو شراب، أو حتى لباس «فراء الحيوانات، مثلاً» وهي تأكل ربما من وعاء واحد، أو يكون طعامها مشتركاً، لهذا فإن الصيغة الجشطالتية الألمانية «الكلّية» تتجذر هنا، حيث إن أي تغيير في نقطة داخل هذا الرقعة، يؤثر في مختلف النقاط الأخرى المكونة لها. ولهذا السبب تكون الجماعة يقظة، وشديدة الحساسية تجاه أي خرق تشعر أنه يتهددها بالكامل، كما عرِف بذلك من خلال عقد اجتماعي معين، بغضّ النظر عمن يكون الزعيم أو المسؤول عنها، فهو ذاته مشمول بهذا العقاب أو المسؤولية، وبالتالي، فإن تطبيقه السريع للعقوبة، لا يعدو أن يكون يقيناً كاملاً بأنه كلما كان أسرع في التطبيق كان أسرع في رد الخطر، أي في طمأنة الطوطم أن شرعه طبّق.

أليس ذلك يدخلنا في ذلك الشعور الجماعي والذي يتجدد مع الزمن من جهة، ليصبح من أثريات اللاشعور وذا هيبة من جهة أخرى، وتحديداً بالنسبة إلى جماعة تعيش واقعها/ حياتها حيث الزمن لا ينظَر إليه نظرتنا إليه، وهذا ما يدفع بنا إلى اعتبار الشعور هو الرئيس، أما اللاشعور فيظل محدوداً، تجاوباً مع بنية الثقافة المحدودة والمحفوظة عن ظهر قلب.

هذا ما يمضي بفرويد إلى وضع عدة شروحات توضيحية أخرى تفيدنا في مكاشفة موضوعنا بصورة أفضل:

(2 بما أن نفس العقاب الشديد يطبَّق أيضاً على الغراميات العرَضية، التي لم تقُد إلى إنجاب الأطفال، فإنه من غير المحتمل أن تكون هناك دوافع أخرى، مثلاً، دوافع عملية، للحظر. (3 بما أن الطوطم وراثي ولا يتغير بالزواج، فإن انبعاث الحظر في حال التوارث الأمومي مثلاً، لا تخفى عن النظر، فإذا كان الرجل ينتسب على سبيل المثال إلى عشيرة طوطمها الكنغر، وتزوج امرأة طوطمها النعام، فإن الأطفال، ذكوراً وإناثاً، جميعهم نعام. وبذلك يستحيل على ابن من هذا الزواج، حسب قانون الطوطم، أن يتصل بأمه وأخواته، اللواتي هن نعام.

(4 من السهل أن نرى، أن التزاوج الخارجي المرتبط بالطوطم يحقق أكثر، وبالتالي يهدف إلى أكثر من منع الاتصال المحرم مع الأم والأخوات...

ثم: هكذا نرى لدى هؤلاء المتوحشين درجة عالية جداً من تهيب سفاح القربى أو من التحسس ضده، مقروناً بخاصية علينا فهمها، وهي أنهم يستعيضون عن قرابة الدم الحقيقية بالقرابة الطوطمية. ص 27.

وبعد شروحات وذكر أمثلة مختلفة حول ذلك: علينا أن نقول إن هؤلاء المتوحشين يتحسسون أكثر منا ضد سفاح القربى. ومن المحتمل أنهم معرضون أكثر منا للإغراء، بحيث إنهم يحتاجون إلى حماية مضاعفة ضده. ص31.

ولا يدخر جهداً، في ضرب أمثلة عملية لتوضيح فكرته، وكيف أن سلوكيات هذه الشعوب تتميز بقدْر كبير من التنبه إلى المكان والذين يسيرون فيه، وكيف يجب التعامل معهم من هذا المنطلق، كما في علاقة الحماة بصهرها وبالعكس، تلك التي تقوم على مزيد من الضابطية واليقظة لئلا تحصل كارثة إن التقى أحدهما بالآخر...إلخ.ص37).

هل علينا أن نتوقف لبعض الوقت عند هذا الذي أثاره فرويد وصلته بما ننشغل به؟

هذا مما لا بد منه، إن أريدَ لمفهوم سفاح القربى أن يزداد وضوحاً، ليس من جانب تاريخيته فحسب، وإنما على مستوى البعد الاجتماعي الملوّن في التاريخ وسردياته السياسية قبل كل شيء، نظراً للطابع السلطوي لها.

علينا هنا، أن نأخذ بقول فرويد في نطاق ما كان سائداً في زمان فرويد، وما كان يُستهدَف منه، حيث إنه كان يريد منْح نظريته طابعاً من العلمية الخارقة وليس المارقة، وبذلك لا يعود في مقدور مناقشه أو المعترض عليه اتهامه بالتبعية لسلطة الدين، وقد أفصح عن خروجه عن نطاقه. لكن ذلك لا يعني أن فرويد كان بعيداً عما كان يدور في فلك الدين وباسم الدين، وضمن مصْهره الثقافي، والتحليلنفسي في المقابل. ففرويد كان مطلعاً على نصوص العهد القديم، ومنها تلك المتعلقة بسفاح القربى، أو المحارم، وما كان يجري من زنا محارم في المقابل، ووجود التحول إلى نطاق أوسع، وبمقدار ما كان يريد ترْك نصوص دينه الرئيس بعيداً عن سهامه النقدية على وجه التخصيص.

ومن الصعب غضّ النظر عن طابع الجدة فيها، إذ إنه أراد إنزال صورة الإنسان ذات النسَب التاريخي أساساً إلى الأرض، حيث كانت محوَّلة إلى السماء، بالطريقة التي تفيد الوضعي بالذات من معاينة دقائقها، وكيف تتفاعل فيما بينها.

ولعله فيما استأثر به من لدن فريزر يستحق تقديراً، وكما رأينا في المثال الأخير، بصدد الحماة والصهر، وكيف تبقى المسافة بينهما بعيدة، تأكيداً على حرصهما على سلامة العلاقات ذات الخطوط المحروسة، وفي مجتمع مؤطر طبعاً، كما لو أن الصهر حين يلتقي حماته يدرِك في الحال أن ابنتها من لحمها ودمها، وما تثيره الخاصية هذه من تداعيات، قد تنبّه رغبة غافية داخله، أو بالنسبة إليها، حيث ابنتها تكون الوسيط بينهما، وهنا مبلغ الحذر بالذات.5

ومن اللافت أن هذه النصوص جرى النظر فيها من زاوية دينية:

عقيدية، لا بل ومخاصماتية خالصة، بأكثر من معنى، أي على أرضية العربي- الإسرائيلي «الصهيوني بدقة أكثر»، ومن قبَل الذين اعتقدوا وما زالوا يعتقدون من كتّاب العرب ممن يتلمسون في الإسلام المظلة الكونية لهم، والحجة الدامغة لشرعنة ما يقولونه، أن ما يتعزز إسلامياً يعني في المحصلة أنه لا يعدو أن يكون انتصاراً مباشراً على الآخر، أي باعتماد المنطق السجالي وما فيه من تسفيه للآخر، وهو سائد إلى يومنا هذا، في الأدبيات العربية الفكرية، والمنابر الإعلامية: السمعية والبصرية، والندوات التي تنطلق من خندق الدين. وبذلك يكون التاريخ في مضمونه متلوناً بهذه الفكرة، أي لا يعود للإسرائيلي، لليهودي أي اعتبار على أرض الواقع، عندما تتم «تتعرية» النصوص التوراتية التي تتضمن مشاهد معروفة تخص سفاح المحارم، وتناقضها التام مع نصوصه، وليس أن ينظَر في نصوص التوراة، في إصحاحاته، انطلاقاً من طبيعة اليهود وكيف عاشوا في تعددية بيئية ومع الآخرين.

من دون ذلك، كيف يمكن لنا، أن نفسّر هذا الحضور للكثير من المؤثرات التوراتية في سور القرآن: قصة الخلق وغيرها، وحتى بالنسبة إلى المؤرخين الكبار في الإسلام، وما يثير باسم «الإسرائيليات»، وما أكثرها؟ أقتطف بعض الفقرات المفصحة عن هذا التسفيه، وباسم الإسلام، لكاتب إسلامي، من باب الاطلاع:

(يعتبر أي زواج بين الأقارب من الدرجة الأولى، أي الأب مع البنت أو الأم مع الابن (وإن علا أو نزل بالنسبة لجهة الأب أو جهة الأم)، وزواج الأخ الشقيق مع الأخت الشقيقة، زواج أقارب من الدرجة الأولى، حيث يشترك هؤلاء في نصف الموروث الجينومي. واحتمال وراثة أي جين تبلغ 50%.

وبصورة عامة، فإن البشرية تدين هذا النوع من الزواج أو الصلة الجنسية التي تعتبر محرمة تحريماً أبدياً، وهناك اختلاف في نظرة الأديان والمجموعات البشرية كما سنفصله بعد قليل في هذا النوع من الصلة الجنسية

تاريخ زواج الأقارب (نكاح الأقارب والمحرمات)

لقد خلق الله سبحانه وتعالى البشر جميعاً من آدم وحواء، قال تعالي: (يا أيها الناس اتقوا ربكم الذي خلقكم من نفس واحدة، وخلق منها زوجها، وبث منهما رجالاً كثيراً ونساء واتقوا الله الذي تساءلون به والأرحام إن الله كان عليكم رقيباً) النساء:1.

زواج الأقارب في التوراة والعهد القديم

وللأسف، فإن التوراة تتحدث أن إبراهيم تزوج أخته من أبيه سارة. وفي سفر التكوين الإصحاح 20 يقوم إبراهيم- حسب زعمهم - بإعطاء زوجته سارة (ساراي) لملك جرار (أبيمالك) فجاء الله (حسب زعمهم) لأبيمالك في الليل وقال له: ها أنت ميت من أجل المرأة التي أخدتها فإنها متزوجة ببعل (التكوين الاصحاح 20/4).

الكذب على لوط عليه السلام

وفي سفر التكوين من التوراة المحرفة الإصحاح 19/30-38 جاء ما يلي: «وصعد لوط من صوغر وسكن الجبل وابنتاه معه... وقالت البكر للصغيرة: أبونا قد شاخ وليس في الأرض رجل ليدخل علينا كعادة كل الأرض. هلم نسقِ أبانا خمراً ونضطجع معه فنحيي من أبينا نسلاً. فسقتا أباهما خمراً في تلك الليلة، ودخلت البكر واضطجعت مع أبيها ولم يعلم باضطجاعها ولا قيامها. وهكذا أيضاً فعلت الصغرى، فحبلت ابنتا لوط من أبيهما فولدت البكر ابناً ودعت اسمه موآب وهو أبو الموآبيين إلى اليوم. والصغيرة ولدت أيضاً ابناً ودعت اسمه بن عمى، وهو أبو العمونيين إلى اليوم»

وفي سفر التكوين الإصحاح 22/35 أن روابين الابن البكر ليعقوب ذهب واضطجع مع بلهة سرية أبيه وأم إخوته. وسمع يعقوب بذلك حسب زعمهم ولم ينزعج من ذلك بل قام بمباركة روابين.

وتزوج يعقوب راحيل، وأخبر يعقوب راحيل أنه أخو أبيها (أي عمها) (سفر التكوين الإصحاح 13/29)، وتزوج قبلها أختها ليئة (ليا) (التكوين، الإصحاح 9.). وكل هذه أكاذيب على الأنبياء عليهم السلام وعلى أسرهم.

وفي سفر الخروج الإصحاح الثاني أن عمرام (عمران والد موسى عليه السلام) تزوج عمته يوكابيد، فأنجبت منه موسى وهارون وعدد من البنات

ولذا فإن اليهود يسمحون بأن يتزوج العم ابنة أخيه أو العكس، والخال ابنة أخته أو العكس.

ورغم أن سفر اللاويين قد حدد المحارم اللاتي لا ينبغي الزواج منهن بل يحرم ذلك، إلا أنه لم يمنع العم من الزواج بابنة أخيه ولا الخال من الزواج بابنة أخته، وفيه «عورة أبيك وعورة أمك لا تكشف. عورة امرأة أبيك لا تكشف. عورة أختك بنت أبيك أو بنت أمك المولودة في البيت أو المولودة خارجاً (وقد فسرتها الكاثوليكية بأختك من أبيك أو أمك من زواج شرعي أو من زنا) لا تكشف عورتها. عورة أخت أمك لا تكشف. عورة أبيك لا تكشف، إلى امرأته لا تقترب. عورة امرأة أخيك لا تكشف.. ولا تجعل مع امرأة صاحبك مضجعك... ولا تضاجع ذكراً مضاجعة امرأة. ولا تجعل مع بهيمة مضجعك.. كل من عمل شيئاً من هذه الرجاسات تقطع الأنفس التي تعملها من شعبها» أي تقتل (اللاويين 18/7-29).

وفي سفر اللاويين عقوبة الزنا هي الرجم (الإصحاح20/10-21) أو تحرق بالنار وخاصة إذا كانت الفتاة ابنة الطاهر.

وقد كذبوا على داود عليه السلام وزعموا أنه زنا بحليلة جاره ثم دبر مكيدة لقتل زوجها بطريقة حقيرة (سفر صموئيل الإصحاح 11/2-15).

ثم زعموا أن أمنون بن داود عليه السلام زنا بأخته ثامار وذلك بناء على نصيحة حكيم إسرائيل يوناداب. كما زعموا بهتاناً أن ثامار قالت لأخيها غير الشقيق أمنون: والآن كلم الملك (داود أباك) لأنه لا يمنعني منك (أي بطريق الزواج) ولكن أمنون أبى

ذلك فزنا بها. انظر (سفر صموئيل الثاني، الإصحاح 1/13-16)
وقام أدوينا بن داود بمضاجعة زوجة أبيه الفتاة الصغيرة أبيشح
الشونمية، وعندما مات أبيه تزوجها (سفر الملوك الأول 2/ -13 22)،
وقد قام بتزويجها له حسب زعمهم أخوه الملك سليمان والتي توسطت
في ذلك أم سليمان بتشبع، وهي التي زنا بها- حسب افترائهم- داود عليه
السلام، وقتل زوجها أوريا الحثي ثم تزوجها بعد وفاة زوجها، وأنجب منها
سليمان عليه السلام.

نكاح الأقارب عند الأمم الأخرى

لقد اشتهر الفراعنة بأنهم كانوا يسمحون بزواج الأخ لأخته.

وكانت فارس أيضاً تبيح زواج الأخ لأخته. وقد ذكر ذلك كثير من
المؤرخين القدامى مثل هيرودتس وفيلون الإسكندري. وكتب كثير من
فقهاء الإسلام أن المجوس كانوا يبيحون ليس فقط نكاح الأخ لأخته، بل
ويبيحون الاتصال الجنسي بين العم وابنة أخيه والخال وابنة أخته وبالعكس.
أما أهل الذمة حيث روي عن الإمام أحمد أنه سئل عن امرأة مسلمة
لها ابن مجوسي وهي تريد سفراً، هل يكون لها محرماً يسافر بها قال: لا.
هذا يرى نكاح أمه، فكيف يكون محرماً لها.

ونجد موقف الهندوس يختلف بالنسبة إلى الزواج من الأقارب. ففي
شمال الهند يمنع زواج الأقارب إلى الدرجة السابعة من جهة الذكر، وإلى
الدرجة الخامسة من جهة الأنثى، بينما نجد الهندوس في جنوب الهند
يفضلون زواج العم لابنة أخيه والخال لابنة أخته.

نظام الأقارب والمحارم عند العرب قبل الإسلام وبعده

كان العرب يجمعون بين الأختين، وهو أمر حرمه الإسلام بعد ظهوره.
كما كانوا يبيحون أن يتزوج الشخص زوجة أبيه، وقد منعهم الإسلام من

ذلك وحرمه تحريماً شديداً. وكانوا يجمعون عدداً غير محدد من الزوجات، فجعله الإسلام في أربع فقط.

وأباح الإسلام الزواج من غير هؤلاء المذكورات نكاحاً شرعياً بولي ومهر وإيجاب وقبول وشهود. ولا يجوز التعرض للمرأة المحصنة (المتزوجة) فهي لا شك داخلة في الحرمة حتى يتم طلاقها أو يموت عنها زوجها وتنتهي عدتها.

وقد أباح الإسلام الزواج بأربع بشرط العدل بينهن في المبيت والنفقة، وأما القلب فلا يملكه الإنسان والميل القلبي لهذه أو تلك لا جناح عليه فيه، مادامت شروط العدل موجودة.

قال تعالى: [وإن خفتم ألا تقسطوا في اليتامى فانكحوا ما طاب لكم من النساء مثنى وثلاث ورباع، فإن خفتم ألا تعدلوا فواحدة، أو ما ملكت أيمانكم ذلك أدنى ألا تعولوا] (النساء: 30).

وإذا أسلم شخص ما وعنده أكثر من أربع زوجات، فعليه أن يختار منهن أربعاً فقط ويترك الباقيات (على خلاف هل هو طلاق أم أمر بالفرقة). فإن كانت التي يفارقها حاملاً فعدتها إلى أن تلد، والولد ابنه أو بنته. وصواحب الحيض أو الإقراء عدتهن ثلاثة قروء.

سماحة المسلمين مع غير المسلمين في المجتمع الإسلامي

لقد تميز تاريخ المسلمين بالتسامح مع الأديان الأخرى الموجودة في البلاد الإسلامية، طالما أنهم يدفعون الجزية كما هي مقررة على كل رجل بالغ قادر، فإذا كان فقيراً أو شيخاً كبيراً رفعت عنه. ولا جزية على الأطفال والنساء. يقول ابن القيم في كتابه «إحكام أهل الذمة» (نقر أهل الذمة على الأنكحة الفاسدة بشرطين: أحدهما ألا يتحاكموا فيها إلينا.... والثاني: أن يعتقدوا إباحة ذلك في دينهم)6.

لقد أطلت في الاستشهاد، وما كان مقصدي من ذلك، إلا للإحاطة بجملة ما يثار بالطريقة هذه، حيث إن البعد التبجيلي والتفخيمي لما يمضي إليه، وباسم الدين: الإسلام، يغيّب عنه مزالق النرجسية التاريخية والدينية هذه، وحتى على مستوى الانتماء الجنسي، حيث نظره مركَّز على الآخر: العدو التاريخي والديني في آن.

ذلك يتضح منذ البداية، لحظة تأكيده على خلق البشرية دون استثناء بالطريقة التي ذكِرت بها دينياً، مع العلم أن هناك معتقدات شعوب كثيرة: في أفريقيا وأميركا اللاتينية، وحتى في آسيا، تكون فكرتها مغايرة كلياً.

إلى جانب ذلك، هناك منطق الاستخفاف بالآخرين ممن اختلف نظام الزواج عندهم، ومن دون أن يكلّف نفسه، أو أي كان في خندقه المعتقداتي/ المذهبي، النظر في الفارق الكبير بين المستوى الاجتماعي والثقافي والفكري وحتى الجنساني لدى هؤلاء الذين يذمهم مقارنة بما يعرَف به مجتمعه، وإزاء سفاح المحارم/ القربى، كما نسمع بذلك يومياً، رغم معرفتنا التامة بذلك الحظر على عدم تسرّب أنباء أو معلومات عن مجتمعه، مخافة أن ينعكس ذلك على النظام السياسي في بلده، وعقيدته

مثل هذا التوجه، هو الذي يحفّز فينا إرادة البحث في أكثر من اتجاه، وتبيّن بؤس المفكّر فيه ثقافياً، وعندما نعلم بوجود عشرات القنوات الفضائية الدينية، والتي تقتصر برامجها عموماً على قراءة القرآن، وتقديم تفسيرات تلفيقية، وفي الآن عينه، تعظيم الإسلام وسماحة الإسلام، في مواجهة الأديان الأخرى، وما يقوله الواقع، ما يجري في «جغرافية دار الإسلام» يقول العكس تماماً، وقوافل اللاجئين، أو الفارين من مجتمعاتهم الإسلامية الطابع، إلى «جغرافية دار الشرْك أو الكفرة» تقول مجدداً، ما لا يؤخَذ به لدى من يفكر على طريقة كاتبنا هذا. وهذا يمضي بنا من زاوية أخرى، لأن نقدّر كمية الجرائم المرتكبة في هذا المضمار، وطرق التعتيم

عليها، ومن ثم السعي إلى التخفيف من صدمتها برمي التهمة على الآخرين: الملحدين والذين يريدون شراً بالإسلام من خلال مظاهر «الخلاعة» والأجهزة المساعدة على ذلك، كما لو أنهم بعيدون كلياً عن اقتناء أجهزة أو تقنيات كهذه. وكل ذلك يرينا نوعية التناقضات التي تثقل على مجتمعات بكاملها، في مناخات التدين المتنامي، وحتى الإرهاب الذي لا يمكن تسمية أسبابه خارجاً، وأن الذين يجسّدونه حتى في العواصم الأوربية، لا صلة لهم البتة بالإسلام.

بناء عليه، لو أن هؤلاء عالة على الإسلام، ومن يتكلمون على طريقة كاتبنا عالة على الإسلام، ومن يقولون: هناك إسلام آخر، لم يتحقق بعد، أي ما هو ممثّل ليس هو الإسلام الصحيح، فإذاً عن أي إسلام يمكننا الحديث من جهة، وكيف يجاز للباحث في التاريخ وسوسيولوجيا الدين وفقه الدين النظر في ظاهرة سفاح المحارم/ زنا المحارم في العالم الإسلامي؟

وفق ما تقدم، تكون نظرية فرويد جديرة بالإصغاء إليها، أكثر من كم وافر من الإنشاءات العاطفية أو الدعوية التي تستغفل لحظات التاريخ الحاسمة، أو تسيء إلى مفهوم التاريخ نفسه، حيث إن الذي يحال إلى فرويد هذا، حتى في أكثر طروحاته إثارة للاستفزاز، ينشّط ذاكرة المعرفة، كونه الجامع بين علم محض، هو «النيفرولوجيا: علم الأعصاب « والتحليل نفسي الذي لا يعدَم وصله بالعلم السالف، إلى جانب قراءات مختلفة في ميادين ثقافية متنوعة تعزيزاً لعمله العيادي، ومن ذلك تصوره عن الدم، وصلته بالمورثات، أو الجينات وانتقالها، وتأثير سفاح القربى على وظيفتها. ويتأكد ذلك من خلال ما تقدم به الأنثروبولوجي المعروف كلود ليفي شتراوس «1908-2009» وقد اعتمد على التقابل بين مجموعة أزواج تنتمي إلى عالم تلك الجماعات، متتبعاً ميكانيزم الزواج، وكذلك الطوطم الذي يصل ما بين أفراد الجماعة الواحدة7.

هذا التقابل بمفهومه الرياضي الذي اعتمده فريزر في دراسته الشعوب «الوحشية» كان له صلة بما تلقاه من أبحاث رياضية بالتأكيد، وهي تخص بنية العلاقات الاجتماعية وكيفية تفاعلها مع بعضها البعض في إطار قرابي معين، وقد أحال فرويد هذا النسق الرياضي- الاجتماعي إلى نسق تحليلنفسي من دون أن ينحّي ما هو رياضي لاحقاً.8

ولا بد أن الذي برز فيه كلود ليفي شتراوس، في هذا المضمار، إلى جانب إسهاماته الأخرى في العلوم الإنسانية: في دراسات المجتمعات، الثقافات، والموسيقى والأسطورة...إلخ، يفصح عن باعه الطويل في الأنثروبولوجيا. ولهذا، فإن نظريته المتعلقة بحظر سفاح المحارم La prohibition de l'inceste، كان لها صدى، وردود تالياً.

ثمة الكثير الذي يمكن قوله هنا، سوى أن موضوعنا ينبني على ما هو موجز، ومذكّر بتنوع المواقف، والمجتمعات، إلى جانب التركيز على نطاق عمل كل فكرة، والأبعاد الاجتماعية والسياسية وغيرها لكل منها.

أورد بداية بعضاً من مقتطفات لشتراوس في كتب شهيرة له، ومغزى هذا التناول لموضوع خطير كهذا، وخصوصاً «البنى الأولية للقرابة Les Structures élémentaires de la parenté والذي صدر سنة 1949:

- تعبّر الحياة الجنسية إلى أعلى درجة عن طبيعة الحيوان للإنسان، وتشهد على جوهر الإنسانية، والبقاء الأكثر خصوصية للغرائز، وثانياً، فإن نهاياتها، بشكل مضاعف، متعالية جديدة nouveau transcendantes: تهدف إلى تلبية الرغبات الفردية التي تكون معروفة بما فيه الكفاية لتكون من بين الأقل احتراماً للاتفاقيات الاجتماعية، أو تتجاوز الاتجاهات المحددة أيضاً، وإن كانت بمعنى آخر، الغايات الصحيحة للمجتمع. ومع ذلك، تجدر الإشارة إلى أنه إذا كان تنظيم العلاقات بين الجنسين يشكل تجاوزاً للثقافة على الطبيعة، بطريقة أخرى، تكون الحياة الجنسية، في الطبيعة، بداية للحياة الاجتماعية: لأنه، من بين جميع الغرائز، فإن الغريزة

الجنسية هي الغريزة الوحيدة التي تحتاج، من أجل تعريف نفسها، إلى تحفيز الآخرين. سوف تتعين علينا العودة إلى هذه النقطة الأخيرة: فهي لا توفر ممراً لطبيعتها ذاتها nouveau transcendantes، بين الطبيعة والثقافة..... إن حظر سفاح القربى هو، في الوقت نفسه، على عتبة الثقافة، في الثقافة، و، بمعنى ما، [...] الثقافة نفسها la culture elle-même.

- إن حظر سفاح المحارم، ليس فقط من أصل ثقافي أو أصل طبيعي بحت، وليس مقايسة لعناصر مركبة مستعارة d›éléments composites empruntés جزئياً من الطبيعة وجزئياً، إنها العملية الأساسية التي، من خلالها، ولكن قبل كل شيء، يحدث الانتقال من الطبيعة إلى الثقافة، بمعنى أنها تنتمي إلى الطبيعة، لأنها حالة عامة للثقافة. وبالتالي لا ينبغي أن يكون من المفاجئ أن نراها تأخذ الطبيعة من طابعها الرسمي، أي الشمولية، ولكن بمعنى ما، هي بالفعل ثقافة، تعمل وتفرض حكمها في خضم الظواهر التي لا تعتمد عليها، أولاً، قادتنا إلى إثارة مشكلة سفاح القربى فيما يتعلق بالعلاقة بين الوجود البيولوجي والوجود الاجتماعي للإنسان، وجدت على الفور أن الحظر لا يقع بشكل مباشر على أي منهما. من ناحية أخرى، نقترح، في هذا العمل، أن نقدم حلاً لهذه الحالة الشاذة، من خلال إظهار أن حظر سفاح المحارم يشكل بالضبط الرابط الذي يوحدهم ببعضهم البعض.

لكن هذا الاتحاد ليس ثابتاً ولا تعسفياً، وعندما يتم تأسيسه، يتم تغيير الوضع الكلي تماماً. في الواقع، إنه أقل اتحاداً من تحول أو ممر: قبل ذلك، لم يتم تقديم الثقافة بعد؛ مع ذلك، تتوقف الطبيعة عن الوجود، في الإنسان، كمملكة ذات سيادة. حظر سفاح القربى هو العملية التي تتجاوز بها الطبيعة نفسها.

- إن حظر سفاح المحارم، مثل الزواج الزائد l›exogamie والذي يكون تعبيره الاجتماعي الممتد، قاعدة للمعاملة بالمثل.

- هناك ما هو أكثر: ما إذا كان المرء يجد نفسه في الحالة التقنية لزواج «التبادل par échange »، أو في وجود أي نظام زواجي آخر، فإن الظاهرة الأساسية الناجمة عن حظر سفاح المحارم هي نفسها: منذ اللحظة التي أحظر فيها استخدام المرأة، التي أصبحت متاحة لرجل آخر، هناك، في مكان ما، رجل يتخلى عن امرأة تصبح، بالتالي، متاحة لي. لم يتم استنفاد محتوى الحظر في حقيقة الحظر؛ تم تأسيسها فقط لضمان وإيجاد، بشكل مباشر أو غير مباشر، على الفور أو في الوساطة، تبادل».

- لا يوجد سبب للافتراض بأن الإنسانية، عندما خرجت من حالة الحيوان، لم تكن تُمنح في البداية شكلاً من أشكال التنظيم الاجتماعي الذي لم يختلف كثيراً في خطوطه الأساسية عن تلك التي عرفها فيما بعد. في الحقيقة، سيكون من الصعب تصور ما يمكن أن يكون منظمة اجتماعية أولية دون إعطائها أساس حظر سفاح القربى، لأنها تعمل وحدها على إعادة تصميم الظروف البيولوجية للتزاوج والإنجاب. إنه يسمح للعائلات بأن تكرس نفسها محاصرة فقط في شبكة مصطنعة من المحظورات والالتزامات d›obligations. هنا فقط يمكننا رسْم الممر من الطبيعة إلى الثقافة، من حالة الحيوان إلى حالة الإنسان، وعندئذ فقط يمكننا فهم التعبير عنهم.9

مختصر القول، هو أن شتراوس يدافع عن الطبيعة، ويبقيها أصلاً للحياة، حتى على مستوى الغريزة، بينما تتدخل الثقافة، لتضع قواعد ناظمة لها، وذلك ضمن وحدات متقابلة، استقاها من مدرسة «الألسنية» أنموذج جاكوبسن، وكيف تكون البنية سابقة على المعنى، والبنية مقامة على أساس وطيد، والمعنى يكون لاحقاً، فالثقافة هي هذا التدخل في شأن البنية.

وفي مكان آخر: إن بنية الأسرة، دائماً وفي كل مكان، تجعل بعض أنواع الاتحاد الجنسي مستحيلاً أو على الأقل مستهجناً condamnables...

ويحدد الحظر العالمي لسفاح المحارم، كقاعدة عامة، أن الأشخاص الذين يعتبرون آباء وأطفال أو أشقاء، إن كانوا بالاسم فقط، لا يستطيعون ممارسة الجنس، وأقل بكثير الزواج. [...] والعرف ليس له تفسير طبيعي La coutume n'a pas d'explication naturelle....إن حظر سفاح القربى يخلق تبعية متبادلة بين العائلات، ما يجبرها على أن تلد عائلات جديدة لكي تستمر بنفسها. إن حظر سفاح القربى يثبت ببساطة أن العائلات (مهما حددت أنها قد تكون) يمكن أن تتوحد مع بعضها البعض فقط، وليس كلاً منها بمفردها مع نفسها10.

وفي مكان ثالث، وهو في سياق مقابلة معه:

- كان تجنب بعض علاقات القرابة ظاهرة بشريّة بحتة، والتي لم تكن ذات صلة من حيث الحياة الحيوانية. ولا نحتاج إلى فرضية وجود أصل بيولوجي لحظر سفاح المحارم، من أن ننظر كما فعلت في مكان آخر وكان الرأي العام، هو نوع من الإجماع، ولكن من حيث الطبيعة لا نجد شيئاً على الإطلاق يمكن أن يقارن بطريقة أو أخرى أو يقترب مما نسمع به في النظام الإنساني من خلال حظر سفاح المحارم.

- وإذا اختلفت الثقافات عن بعضها البعض، فذلك لأن القواعد ليست هي نفسها لهذه الثقافة أو تلك. هنا نفعل أشياء بهذه الطريقة وعلينا أن نفعلها بهذه الطريقة، بينما في المجتمع القادم علينا أن نفعلها بطريقة أخرى وهذا هو الفرق. بينما في ترتيب الطبيعة، لا يمكننا التحدث عن قاعدة، لا يمكننا إلا الحديث عن القانون on ne peut pas parler de règle, on peut seulement parler de loi. وإذا وجدت، إذا كان من الممكن اكتشاف قاعدة توفر هذه الشخصية لتكون قاعدة دقيقة، ولكنها في الوقت نفس عالمية، سنكون في حيازة نوع من الظواهر التي تسجل بطريقة ما. لذا فإن التعبير عن الطبيعة حيث تكون القوانين عالمية، ولكن ليست قواعد وثقافة حيث توجد القواعد ولكنها ليست عالمية. ووجود

قاعدة عالمية، مثل حظر سفاح المحارم، هو الذي يمكن أن يشرح لنا بشكل أفضل كيف يتم التعبير عنه وكيف استطاع الممر تحويل نفسه من الطبيعة إلى الثقافة.11

إن ما أودعه نوربار رولاند مقاله «سفاح القربى في الدراسات الأنثروبولوجية» يسهم في تعميق أثر الفكرة، عدا عن كونه مترجماً إلى العربية، ويمكن الاطلاع عليه في عمومه بالمقابل:

أنظمة المصاهرة الزّواجيّة:

لدى الجماعات في مجتمعاتنا الحديثة نزعة إلى التواري خلف الأفراد. أمّا المجتمعات التقليديّة فهي محكومة بواسطة قانون ذي اتجاه مختلف، إذ إنّ الزّواج عندها هو عبارة عن مصاهرة بين الجماعات في المقام الأوّل

إنّ الهيبة التي تمنح للجماعات، هي من الأسباب التي تفسّر تحريم سفاح القربى، ومع ذلك فإذا كان هذا التحريم كونيّاً، فإنّ الكثير من أنظمة التبادل التي ينبغي لها ضبط دراسة النّماذج البشريّة تحقّق ذلك.

أ ـ تحريم سفاح القربى:

تُحرّم العلاقات السّفاحيّة في كلّ المجتمعات، وهي ظاهرة بذلت الكثير من النّظريّات جهداً لتأويلها.

الدّافع إلى سّفاح القربى:

طيلة العقود الماضيّة وقع حظر العديد من المحرّمات القديمة في مجتمعاتنا الحديثة. ويبدو علم النّفس التحليلي في نظريّة عقدة أوديب أنه يؤكد أنّ الدّافع السّفاحيّ هو «الطبيعيّ» وليس تحريمه. وأنّ منعه وإن لم يكن طبيعيّاً، فهو لا يؤدّي إلى ضرر. إنّ نظريّة كلود ليفي شتراوس تلمع إلى ذلك.

تأويلات تحريم سِفاح القربى:

تتراوح أهمّ النظريات بين قطبيْن: فهي ترجع التحريم إلى الأسباب المادّية أو إلى أثر الضوابط الاجتماعية الموجودة في الواقع، والتي تأسّست على الحاجة إلى التبادل كما يرى ذلك ليفي شتراوس. ويعتقد م. غولديي M.Goldier في الوقت الحالي أنّ التحريم يستند بشكل متلازم على هذين التأويليْن.

أمّا بالنسبة إلى ر. فوكس R.Fox 4 فإنّ تحريم السّفاح، هو ثمرة التطوّر والانتقاء الطبيعي. فزيجات ذوي القرابة الدّمويّة مضرّة من الناحيّة البيولوجية. ولتجنبها فإنّ الأنواع الحيوانيّة القريبة من الإنسان تلجأ إلى الاختلاط أو إلى التنافس بين الأجيال المفضي إلى إبعاد الكائنات الفتيّة خارج المجموعة. ولكن مع توصّل المجتمعات البشريّة الأولى إلى تشكيل مجموعات أسرية قارّة نسبيّاً، فإنّ توظيف هذه الوسائل بدا موحياً بالخطورة اعتباراً إلى أنّ هذه المجموعات كانت في حاجة إلى التعايش فيما بينها. فكان من الواجب اختلاق تحريم السّفاح الذي كان يمنع زيجات ذوي القرابة الدّمويّة وينظّم التنافس بين الأفراد. أمّا المجتمعات البشريّة الّتي لم تتبنّ هذا الحلّ، فإنّها قد أُقصيت من خلال الانتقاء الطّبيعي.

إنّ نظرية كلود ليفي شتراوس أثبتت جدواها. فلماذا خلص إلى نتائج معاكسة على المستوى البيولوجي المحض فيما يخص تناسله هو؟ ومن جهة أخرى لاحظ ليفي شتراوس أنّ إقرار حرمة سفاح القربى عامة من قبل البيولوجيا، لم يظهر إلاّ في القرن السادس عشر. إنّ ليفي شتراوس ينقد بشكل محدّد تفاسير تحريم السفاح المرتكزة على مبرّرات جنسيّة، إذ إنّ عامل العيش معاً قد يقلّل من بداية الانفعال الجنسي، وهي ملحوظة قد تكون على صواب، ولكنّها تقدّم لنا دليلاً على خلط بين التعوّد القائم بين أفراد مرتبطين جنسيّاً (زوج وزوجته) وبين الأقارب. وفي الختام لاحظ ليفي شتراوس أنّه إذا كان «رعب سفاح القربى» يرتكز على دوافع فيزيولوجيّة أو

بسيكولوجيّة راسخة بعمق في الطبيعة البشريّة، فإنّه قد نفهم خطأ لماذا أقرّت كلّ المجتمعات البشريّة المعروفة وبدرجات متفاوتة ضرورة تحريمه.

وهكذا يرى كلود ليفي شتراوس أنّ تحريم سفاح القربى هو أحد المظاهر الأكثر بداهة للتّغييرات التي تحدثها الثقافة في الطّبيعة فـ «جذور تحريم السّفاح ليست ثقافيّة خالصة ولا هي طبيعيّة خالصة، فهي ليست جرعة من العناصر المركّبة تُقدّم بشكل جزئيّ إلى الطبيعة وإلى الثقافة. إنّها تمثّل المسار الأساسي الذي بواسطته وبفضله وفيه، يتحقّق العبور من الطبيعة إلى الثقافة».

أما نظرية م. غولديي فتقف بدورها على نفس المسافة بين النّظريات السّابقة، فهي لا ترفض تأويل ليفي شتراوس إلاّ أنّها تتفق معها بإعادة إدراج العوامل البيولوجيّة. ويذكّر الكاتب بأنّه لا الأسرة ولا المجتمع مخصوصان بالإنسان فحسب، فبعض فصائل الحيوان تعرف أيضاً هذه الأشكال من الوجود (الشمبانزي تعيش في شكل جماعات مؤلّفة من عائلات). ولكنّ التحريم بالنسبة إلى م. غولديي يرتكز على عوامل بيولوجيّة، فالأنثى البشريّة جذّابة جنسيّاً بشكل شبه دائم (عكس الأنثى الحيوانيّة)، ومن ناحيّة أخرى فالبشر يدركون سنّ البلوغ متأخرين ويتعايشون في نفس الأسرة مع أفراد من مختلف الأجيال، ويقدرون على ربط علاقات جنسيّة

ب . أنظمة التبادل الزّواجي:

يمكن التمييز فيها بين أنظمة ثلاثة: الأنظمة الأوليّة التي يُحّرم فيها عدد معيّن من الأقارب، وتشرّع لمن لهم الأولويّة في الزواج. ثم الأنظمة شبه المعقّدة التي تسنّ موانع الزّواج على أصناف كبرى من الأقارب وليس على أفراد محدّدين من حيث الجذور. والأنظمة المعقّدة التي تمنع الزّواج ضمن دائرة الأقارب دون تحديد واضح لاختيار الشّريك...12.

ذلك ما يحفّز فينا الرغبة المعرفية للإفاضة، أو الإيضاح أكثر، وذلك لملامسة ما لم يتضح حتى الآن، وما ينطوي عليه هذا الإجراء من استحالة زعم الإحاطة بسفاح القربى، وتقديم مصنّف يشتمل على كل صغيرة وكبيرة له أورد جوانب أخرى صحبة ما عرِف آنفاً للربط بين جملة من النقاط ذات الصلة بموضوعنا المثير والخطير:

(استلهم عالم الإنسان «كلود ليفي-شتراوس» ألسنيته من «رومان جاكوبسون»، كان ذلك عام 1942م عندما طار «ليفي شتراوس» ليحضر دروسه ومحاضراته في نيويورك، وفي ذلك التاريخ ولدت البنيوية الفرنسية. وقد لعبت سلسلة المحاضرات تلك دوراً عظيماً في تعريف «شتراوس» على الألسنية، ووجد ضالته في ذلك المنهج تأثراً بتعاليم «دي سوسير» و «رومان جاكوبسون» بحيث تتوافق مع الأنثروبولوجيا. ومما أثار اهتمام «ليفي شتراوس» في الأربعينات وخلّف لديه أثراً عميقاً هو الصّرامة العلمية التي اتسمت بها الألسنية ونجاحاتها التفسيرية؛ يقول «شتراوس»: «إننا نجد أنفسنا نحن الأنثروبولوجيين في وضع حرج بإزاء الألسنيين، فقد اشتغلنا معهم طيلة سنوات عديدة، جنباً إلى جنب، ثم بدا لنا أن الألسنيين أخذوا يتملصون منا، فرأيناهم ينتقلون إلى الجهة الأخرى من الحاجز الذي يفصل العلوم الدقيقة والطبيعية عن العلوم الإنسانية والاجتماعية، الذي اعتقدنا زمناً طويلاً أنّ عبوره أمر متعذر....». ويقول: «إننا نريد أن نتعلم من الألسنيين سرّ نجاحهم، ألا يسعنا نحن أيضاً أن نطبق على هذا الحقل الذي تدور فيه أبحاثنا-القرابة، التنظيم الاجتماعي، الدين، الفلكلور، الفن- تلك المناهج الصارمة التي تبرهن الألسنية كل يوم على فعاليتها».

التحليل البنيوي للقرابة: استعارة المنهج اللغوي في ميدان الأنثروبولوجيا –القرابة أنموذجاً- في المنهج البنيوي لا بدّ من تحليل النظام القرابي للوصول إلى البنية (الكلية) التي تحكم هذا النظام ومن ثم الوصول إلى (القانون البنيوي). فلو أخذنا الأسرة –مثلاً- كوحدة قرابية

وهي تقابل الجملة في اللغة، إن اختيار الأسرة لم يكن اعتباطياً أو لأجل التمثيل، فالأسرة تعد المظهر الحقيقي للنظام القرابي، فهي كما نعرف تتكون من علاقات بين وحدات (ألفاظ)، والجملة تتكون من علاقات بين وحدات أو (كلمات). إنّ وحدات الأسرة هي: (أب، ابن، أخ، أخت) لدى «شتراوس»، ولكن لو تمثلنا الأسرة بهذا الشكل: (أب، أم، ابن أو بنت «أولاد»). إن النظام القرابي هنا –حسب شتراوس- مزوّد بنظام تقابلي [أب / أم] [أخ / أخت] ومجموعة من التقابلات الأخرى. هذا النظام الثنائي يحقق التمايزات الممكنة بين كل لفظة وأخرى، إضافةً إلى موقف هذه الوحدات (الألفاظ) من بعضها البعض، كما أنه يعطي الدلالة لكل وحدة من هذه الوحدات ويضفي عليها المعنى المحدد. والسؤال هنا: كيف تكونت هذه الأسرة البسيطة؟ أليس من الضروري أن نعرف الأصل الحقيقي لها؟ هل ظهرت إلى الوجود على نحو تلقائي وعفوي من دون أن يكون هناك أي سببٍ لوجودها؟

أنّ كلّ تحليل «شتراوس» للنظام القرابي يرتكز على مجموعة من هذه الأسئلة، إذ ينبغي علينا –قبل كل شيء- أن نبحث عن أو أن نكتشف الشروط الضرورية لوجود الأسرة، إذ يفترض «شتراوس» –بدايةً- أن للأسرة وجوداً أعمق من وجودها الظاهر، وهذا الوجود هو التعبير المشروط لها، ولولاه لما كانت هناك أسرة البتة.

تأتي هنا إلهامات «شتراوس»، بعد أن يفكر ملياً يخرج بهذه النتيجة، يقول: لا بدّ من وجود شخص –أب أو خال- يقوم بإعطاء امرأة إلى ذلك الرجل ليتزوجها. ويرى «شتراوس» أن ذلك الشخص هو أخ الزوجة (الخال) وليس (الأب) لأسباب موضوعية أولاً ومنهجية ثانياً. ولكن من حقنا أن نتساءل: لماذا لا يتم العطاء أو المبادلة من جانب النساء؟

إلا أن «شتراوس» يجيب عن ذلك –وقد يكون محقاً- أنّه في المجتمع البشري: الرجال هم الذين يبادلون النساء وليس العكس.

فالخال هو الذي يتنازل عن (امرأة) يهبها لذلك الرجل ويتزوجها ويكوّن بدوره الأولاد والأسرة والقرابة، والخال هو البنية الأساسية لوحدات الأسرة وللعلاقات بين هذه الوحدات، وهو الذي يحدّد ماهية العلاقات داخل الأسرة ووحداتها. ويؤدي الخال –ولا أقول يتكون– إلى أربعة ألفاظ حسب «شتراوس» هي (الأب: زوج الأخت، الأخت، ابن الأخت: الأولاد، الأخ: الخال نفسه). ولكن كيف وجد الخال في هذه البنية؟ يقول «شتراوس»: لا نحتاج إلى أن نشير إلى كيفية ظهور الخال في هذه البنية، فهو –الخال- شرطها ولا يمكن أن توجد البنية من دونه، فهو لا يظهر فيها بل أُعطي لها مباشرة، ويمكننا أن نطلق على هذه البنية اسم (البنية الخالية)، وهذه البنية هي التي كوّنت الأسرة ومن ثم القرابة. ويردف «شتراوس» قائلاً: إن البنية الخالية هي بنية عامة (كونية) موجودة في كل المجتمعات البشرية. ويواجهنا السؤال التالي: ما هو المعادل الحقيقي والأساسي لهذه البنية؟ بعبارة أخرى: كيف اعتبرت هذه البنية بأنها بنية كلية/ عامة ولا يخلو مجتمع إنساني منها؟

يجيب «شتراوس» عن ذلك: بأن أي مجتمع يقوم –أساساً- على قاعدة (تحريم سفاح المحارم)، وهي قاعدة عامة في المجتمع البشري، وهذه القاعدة تحرّم على الرجل الزواج بأخته إذ ينبغي عليه أن يتزوج من امرأة خارج دائرة المحارم، كما يتم التنازل له عن امرأة أخرى ليتزوج بها من رجل آخر وهكذا. ويرى «شتراوس» إن قانون التحريم هذا هو (قانون بنيوي) ويعادل البنية الخالية، كما أنه قانون ذهني/ عقلي، حاضر في اللاوعي أو اللاشعور، إلا إن الامتيازات الاجتماعية قد حجبته عن الظهور، وهذا القانون هو الأساس الحقيقي للنظام القرابي ووجود الأسرة. قاعدة سفاح المحارم = البنية الخالية البنية الخالية = الزوج الخارجي إذاً هي قاعدة سفاح المحارم = الزواج الخارجي فالمجتمع –قرابياً- قائم على قانون التحريم الذي هو قانون بنيوي.

التحليل البنيوي للقرابة عند «براون» و «ليفي شتراوس» يختزل المعلم البريطاني البارز «راد كليف-براون» البناء الاجتماعي في حدود العلاقات الاجتماعية، إذ كل نسق أو بناء -عنده- يرمي إلى مجموعة العلاقات التي تمثلها، فالبناء القرابي -مثلاً- يعني مجموعة العلاقات القرابية. ويرى «براون»: أن كل علاقة ثنائية هي علاقة بنائية، وأن البناء أو البنية يمكن ملاحظتها لأنها تُكتسب أو تُشتق من الواقع التجريبي، وإن كان مفهوم البنية لديه مفهوماً مجرداً، إلا أنه لا يرى أي تمييز بين «البنية الاجتماعية» و «العلاقات الاجتماعية».. فالبنية الأساسية للقرابة عند «براون» هي: العلاقات الاجتماعية، أما الشكل البنائي فيقصد به الهيكل العام المترابط الوحدات والمنظومات والعلاقات وهو يعبّر عن مجموع أجزائه بل وأكثر من ذلك. وبالنسبة إلى «ليفي شتراوس» فإن مفهوم البنية عنده يختلف عن «براون»، فالبنية الاجتماعية الأولية عند «شتراوس» ليست لها علاقة بالواقع التجريبي ولا ترتبط بالواقع المعاش، إذ إن البنية ليست العلاقات الاجتماعية، إلا أن «شتراوس» يقول: إننا نكتسب البنية انطلاقاً من ذلك الواقع المعاش ولكنها ليست ذلك الواقع. لقد أطلق «براون» اسم العلاقات الأولية -في المجال القرابي- على العلاقات الأسرية، واسم العلاقات الثانوية أو من الدرجة الثانية على العلاقات التي تربط الأسرة بالأقرباء من جهة الأب أو الأم.

إلا أن «شتراوس» يرى بأن ما هو أولي ليست العلاقات بل البنية الخالية، والأخيرة موجودة على مستوى العقل أو الذهن سواء بشكل واعٍ أو غير واعٍ وليس على مستوى الواقع التجريبي، وإن البنية الخالية تعد نتيجة منطقية لقانون إلزامية التحريم «تحريم سفاح المحارم»)13.

هذا النقاش الشديد السخونة، أو ما ينبغي اعتباره حاراً جداً، يتناسب وطبيعة التنوع الهائل في المجتمعات البشرية اليوم، ومن دون إخفاء تلك الحدود السياسية والدينية والثقافية الملغومة بين ما

بات يعرَف بالشرق والغرب، وما تعنيه الجغرافية من أهمية كبرى في الفصل والوصل بين البشر والأمم والشعوب وحتى الجماعات الصغيرة، على أساس عرقي، أو ديني، أو تمذهبي وطائفي، إلى درجة أن العلوم المعتبَرة إنسانية بمقدار ما تؤكد خاصيتها الإنسانية، فإنها تترجم عناصر مؤثرة أيديولوجية في تلوينها، وبذلك لا تعود العلوم ذاتها كما هو اسمها، مثلما تبرز المفاهيم في ضوء هذه التهافتات السياسية والسجالات على الهوية والدين والسلطة جلية. وشتراوس، لم يكن ببعيد عن هذه الصفة العلموية للعلم، مهما برزت في نصوصه الجديرة بالتقدير تلك النفحة الإنسانية، على مستوى شراكة البشرية في الأصل الواحد، أو عالمية الاسم. وهذا، في المقابل، يذكّرنا بالكثير من الشعارات التي يرددها أولئك الذين يحيلون الأديان إليهم، من منظور سلطوي/ سيادي، وهي أن الجميع أخوة في الدين الواحد، بينما الوقائع تكذّب ذلك، فهي «أي سياسات الدين بالذات» لم تدخر جهداً في لعب الدور التدميري لثقافات الشعوب التي غزتها ومن ثم أرادتها على مقاييسها.

بذلك، يمكننا أن نتوقف عند أحد كبار الأنثروبولوجيين الأحياء موريس غودولييه « -1934...» ليس لكي يبدي موقفه من هذه القضية منطلقاً ومصيراً، وإنما ما يكون عليه وضع نظرية شتراوس بالذات، ومن ثم تصورات غودولييه حول ذلك.

غودولييه مثل شتراوس عايش شعوباً في غينيا الجديدة، وخاصة قبيلة «الباروي»، يقول (الباروي يتكلمون اللغة نفسها، ويمتلكون نظام قرابة وطقوس تلقين أو تنسيب واحدة.. ولا يرى شتراوس في تحريم سفاح القربى علاقات القرابة سوى أسباب لانتقال البشرية من الطبيعة إلى الثقافة.. وفي الواقع، فإن قضية الشعائر الذكورية ومعناها يقدّمان كتحقيق لرغبة الرجال في إعادة توليد أبنائهم من دون المرور.. ببطون النساء.. هذه الرغبة تفسّر سر الرجال الكبير، أي ممارسة المثلية الجنسية

بين المنسّبين.. في البداية، لاحظتُ أن الباروبا لم يكونوا مجتمعاً قائماً على مجموعات قرابة. ولم تكن علاقات القرابة في أي وقت هي قاعدة مجتمعهم... إن العلاقات العائلية وعلاقات القرابة هذه لم تصلح، في أي مكان، لأن تكون أساساً أو قاعدة أساسية لمجتمع، على الرغم من أنها تشكل عناصر أساسية للحياة الاجتماعية.

وبصدد الهوية: في سنة 1968، جرت مراسم تنسيب، وفي هذه المناسبة خاطبني محارب قديم من الباروبا «اسمه بواريماك» ملوحاً بعصاه الحربية الحجرية المدورة الرأس، قائلاً: موريس، أنت ترى هنا سبب قوتنا. لكن اليوم أصبحت عصيّنا مجرد هدايا ذكرى لدى البيض الذين يشترونها. لقد عرضنا عليهم الفروع والأوراق. أما أنت فنعرض عليك الجذع والجذور.. لقد كان هذا الرجل يعي هويّته وثقافته....لاحقاً أصبحوا مسيحيين...(14.

موريس غودولييه لا يخفي موقفه النقدي لكل أشكال القسر والإكراه التي تعرضت لها شعوب وأمم وجماعات، مهما كان حجمها، على أيدي المستعمرين، والمبشّرين الذين أسهموا إلى حد كبير في تغيير معتقداتها والضغط على أبنائها، لتكون على مثال دينهم، وفي الوقت ذاته، لتكون محكومة بتلك السياسات الاستعمارية وما بعدها، حيث يقضى على الهوية وثقافة الأجداد طبعاً.

ولعل توجهه في البحث عن ثقافة من درس ثقافتهم، ومتخيلهم الاجتماعي والديني، وموقع السلطة في حياتهم اليومية، إنما كان، من ناحية، يؤكد على التنوع والاختلاف. وهنا تكون العالمية، ويشدّد على الدور التدميري لآلة الاستعمار ومن ورائها إلى يومنا هذا، أي الكولونيالية وما بعدها والكومبرادورية وأشباهها، وما من شأنه تفعيل أحادية الثقافة وبؤس خصالها الإنسانية، من ناحية أخرى، إلى جانب أنه لا يخفي نقده اللاذع إلى الذين يمدحون مناقب الشعوب المخترقة في ثقافتها، والممدوحة لأنها

تجاوبت مع الذين غزوها، أو ما يبقيها متخلفة، ويكون هناك تفخيم لهذا التخلف باسم التمايز، مع غض الطرف عن الفاعل الاستعماري، من ناحية ثالثة، ولا بد أن وعي القارئ المهتم بموضوعات كهذه يتجه في الحال إلى الذين انكبوا على دراستها، ومنهم زميله في مهنته: شتراوس بالذات.

إنه صراع داخل النظرية الواحدة، كما أن هذا الصراع في أبعاده المكوّنة له، ولعموم النظرية، إنما يفيد في تعقّب تلك الخيوط الخفية التي تقرّبنا أكثر من مفهوم «سفاح القربى»، إذ إنه من السخف بمكان، إلا إذا أريدَ من زعم وحدة الشعوب ولو بالقوة تحت راية سلطة سياسية، أو دينية، أو بهما معاً، تفخيم الواقعة وشرعنة ما رافقها من عنف، من دون أي إشارة إلى فداحة الجاري عملياً.

وفق تصور كهذا، لا يعود في الإمكان قراءة جملة كهذه «سفاح القربى» في أي مصدر، أو سماعها من أي كان، على أنها مجرَّدة من العوالق المذهبية، أو المعتقدية الخاصة، أو هيمنة الأسطوري، الديني، العُرفي المحلي...إلخ، ليس دفاعاً عن أي مذهب أو دين، أو سياسة، أو خصوصية، وإنما إعلاء من شأن ما توصلت إليه شعوب مختلفة من خلال كفاحها اليومي، واستطاعت أن تضع قوانين تتجاوب مع تجاربها الزمكانية، ويكون أي حُكم على أي سلوك فيها من الخارج، نفياً لحقيقتها وهويتها كما رأينا مع غودولييه!

إنما علينا أن نأخذ علماً بما هو متردد في طيات كل مقال له، وهو أن ما يتفوه به، وكما يشير إلى اختلاف المجتمعات البشرية عن بعضها البعض، كما هو الممكن تجلّيه جهة الجنسانية، وخاصية القرابة وصلتهما ببعضهما البعض، من مجتمع إلى آخر، لا بد أن يدرَك في الحال أن الذي يفصِح عنه، مهما تبيَّن في «أصالته» أو عمق مفهومه، إنما يتأتى على خلفية من ثقافته المجتمعية، وبالتالي، فإنه إذا كان الذي نقرأ، إنما يشير إلى كاتبه، هكذا ترتد الثقافات إلى مجتمعاتها جهة الاختلافات القائمة فيما

بينها، دون إلغاء البعد الكوني الذي يمكن تلمُّسه أحياناً في بنية كلام أحدهم أو كتابته، وصلة ذلك مجدداً، بالمجتمع الذي ينتمي إليه وموقعه الفكري/ الأدبي فيه.

وإن أطِل، لبعض الوقت في عملية إيراد ما يتعلق بتصورات غودولييه عن صلته بأبحاثه، وما توصَّل إليه، وفي مضمار مفهوم سفاح القربى، أو غشيان المحارم، فإنما هو تأكيدي على أهمية ما هو مقتطف، ومنقول من نصه الفرنسي بالتحديد، وأعني به «خمسة دروس حول القرابة Les cinq leçons de parenté »، وهي مترابطة، ولكل درس موقعه الاعتباري في النص، ومن خلال كتابه الضخم «تحولات القرابة «Métamorphoses de la parenté: ومن خلال التقديم له وللكتاب:

(في «تحولات القرابة»، يراجع موريس غودولييه في ستمائة صفحة النظريات الرئيسة للبنوات والتحالف filiation et d›alliance. ويترتب على ذلك أن الأسرة، في معظمها، أقل ارتباطاً باحتياجات الإنجاب أكثر من ارتباطها بالأفكار السياسية والدينية للمجتمعات البشرية. العائلات المعاد تكوينها Familles recomposées أو العيش في كنف والد وحيد، الاستنساخ الطبي، والأزواج المثليين couples homosexuels: هل يعني كل هذا أن علاقات الأزواج، والوالدين مع الأطفال، والأسرة هي اليوم، في المجتمعات الحديثة والليبرالية، على حافة التحلل bord de la decomposition؟ أم إنها عشية استبدالها بسواها، غير منشورة بالكامل ويشتبه في أنها مصطنعة d›artificialité؟

في كتاب صدر مؤخراً، تحولات القرابة (فيارد، 2004)، بدا موريس غودولييه، الأنثروبولوجي ومتخصص Baruya من غينيا الجديدة، منخرطاً في تحليل أسس العلاقات الأسرية. وسجل تحولات المجتمعات الحديثة في تاريخ طويل، مستعرضاً النظريات الأنثروبولوجية، عبر بوابة القرابة. طارحاً المشاكل الكلاسيكية، التي لا نجرؤ على مناقشتها في كثير من

الأحيان، إلى درجة أنها تفترض أي عائد على تاريخ الأنثروبولوجيا. لكنه يعرف إلى أين هو ذاهب: لقد قاده عمله من تحليل حيازة الأراضي بين الباروبا Baruya إلى ذلك من الأساطير... وفي عام 1982 عندما نشر إنتاج الرجال العظماء، قال إنه مقتنع بالفعل أن هيمنة الذكور بين Baruya، تستند في المقام الأول على أيديولوجيا مشتركة بين الجنسين... وتوسع فيما اشتغل عليه عام 1996: في لغز الهدية.

في ذلك الوقت، كان قد بدأ بالفعل العمل المقارن في نظم القرابة والزواج في جميع أنحاء العالم: هناك حاجة إلى عشر سنوات من الأبحاث لجمع عناصر الحجم الكثيف للغاية الذي ينشره اليوم. تجنب النقد الراديكالي والتفكيك المنهجي، يُظهر السيد غودولييه أن القرابة ليست مسنداً للطبيعة، لا البيولوجية ولا النفسية. «في الغالبية العظمى من المجتمعات المعروفة، تنشأ علاقات القرابة من تطبيق مبادئ مقبولة بشكل عام من قبل الأفراد. المبادئ التي تتعلق بالنسب، والزواج، والنظريات الإنجابية، وحدود سفاح القربى، ولكن في نهاية المطاف «السياسية politiques » و «الدينية politiques»، وهذا يعني، التضامن والهيمنة بين الجنسين، بين الأجيال. ويترتب على ذلك أن القرابة هي تكوين محفور في التاريخ، وأن تحولاته تعكس، بدلاً من الضرورات، تحولاً خيالياً للمجتمعات. ما هي الدروس المستقاة من المجتمعات الحديثة التي يمكن استخلاصها من هذه الفلسفة العامة؟ هذا ما طلبنا منه أن يشرح لنا، وها نحن نلخص القرابة في هذه الدروس الخمسة للقرابة:

الدرس الأول:

لا يقتصر الآباء على الزوجين: la filiation n›est pas limitée au couple يشير مصطلح «البنوة»، في استخدامنا الغربي، إلى الرابط المعترف به قانوناً بين الوالدين وأطفالهما... يؤدي البناء إلى انتماء الأفراد

إلى مجموعات ذات امتداد أكبر (النسب، العشائر lignage, clans)....
وفي كثير من الحالات، يتم تأسيس نسل صلة مع واحد من الأبوين، وبعد ذلك، مع المجموعة التي يمثلها. من هذا جاءت النظرية الأنثروبولوجية بأن القرابة، في مجتمعات بلا دولة، تعمل على تحديد «مجموعات النسب»، التي يعيش فيها الأفراد ويتقاسمون ويتكاثرون، ويستمدون منها حقوقهم وممتلكاتهم، هويتهم ومكانهم.

ويفنّد غودولييه مزاعم القرابة المألوفة: نقول في أوروبا إن الطفل هو «الدم» من والديه عندما تكون في الصين، وهو يُنسب إلى «نفس» أسلافه من عشيرة الأب، بينما في أستراليا، لا ندرك أي صلة جوهرية بين الطفل ووالده. «كل هذا لا علاقة له ببيولوجيا التكاثر la biologie de la reproduction: ففكرة الإنجاب والبنوة هي أيديولوجيات لا تتناغم دائماً مع بعضها البعض».

الدرس الثاني:

لا يتعلق الأمر بالتكاثر :

la reproduction n›est pas la parenté

في المجتمعات المسيحية في أوروبا وأمريكا، هناك بعض الخلط بين التكاثر والنسب. يتم الحفاظ على هذا الارتباك، جزئياً، من خلال حقيقة رؤيتنا للتكاثر والنسب على أساس التماثل بين الجنسين: يسهم الرجل والمرأة على قدم المساواة في تنشئة الطفل وكذلك بالنسبة إليه. منح الهوية الاجتماعية. الزواج هو عقد التفرد الجنسي المتماثل تماماً. «تقليدياً لدينا الوهم بأن اللحم والتكاثر la chair et la reproduction هما الشيء نفسه، وأن القرابة - كما أظهر ديفيد شنايدر - هي مسألة تقارب أو أقل في الدم. ولكن بعد دراسة اثنين وثلاثين مجتمعاً مختلفاً من هذه الزاوية، أستطيع القول إن هذا ليس صحيحاً في أي مكان: ففي

كل مكان في العالم، لا تكون نظريات التكاثر الجنسي كافية لتحديد من هم أبنائي، وأحياناً يبدو ذلك تناقضاً حقاً». هناك مجتمعات أمومية بالكامل. يقول الناس إن الأم لا علاقة لها بتشكيل الجنين: هذه هي حالة بريطانيا الجديدة، التي توضح أن المرأة ليست سوى وعاء la femme n›est qu›un réceptacle. ومن ناحية أخرى، فإن أسلافه هم الذين سيمنحون «الروح âme» للطفل ويحددون هويته. في حالات أخرى، تتفق نظرية الإنجاب مع حكم البنوة، لكنها لا تزال غير كافية. «وهذا يعني أنه من أجل إجراء القرابة، يتطلب الأمر أكثر من مؤسستين تتكاثران: فهناك دائماً أحد أصحاب المصلحة الخارجيين، وهو سلف أو إله يربط العلاقة بين الطفل ووالديه والمجتمع. من يدرك ذلك على هذا النحو. في غينيا الجديدة Baruya NouvelleGuinée هو الجد الذي تتجسد فيه، بين الأسكيمو جداً، وبالنسبة إلى المسيحيين، الله هو الذي أحضر الروح في الجنين، وإلا فإنه لن يكون هناك إنسان واقعاً لا يمكن تعميده ولا حفظه من الخطيئة الأصلية du péché originel. هل هذا يعني أن «الأبوة» هي عقيدة doctrine، وسيكون لكل مجتمع نسخة مختلفة؟

ورداً على ذلك، يشير السيد غودولييه إلى قصة فشل التبشير في الصين: إذ بعد فترة أولية من المسيحية السمحة من قبل اليسوعيين يقودها الدومينيكان، جرت محاولات في القرن الثامن عشر لإلغاء عبادة الأسلاف وتم طردهم من الصين...

الآن، في العقيدة الصينية القديمة، كل إنسان هو تناسخ من روح الأجداد. لقد خاضت الكنائس المسيحية هذا النوع من التصور دائماً، فالروح فريدة من نوعها ولا يمكن أن تنتقل من فرد إلى آخر: وإلا، فكيف يمكن التمييز بين الشخص الذي سيخلص من الشخص الذي لن يتم إنقاذه qui sera sauvé de celui qui ne le sera pas؟ هناك بالتالي قضايا سياسية ودينية في مفهوم النفوس والناس، والتي لا تختزل

إلى الآليات المعروفة أو المفترضة للتكاثر الجنسي. حتى إذا كان التقرير بعيداً، فلا يسعنا إلا أن نتحدث عن التقنيات الحديثة في الإنجاب المساعد procréation assistée.

ليس لأننا نتقن اليوم بعض جوانب التكاثر التي نعرفها بشكل أفضل ماذا يعني أن تكون ابناً، أباً، ابنة، أماً. مهما كانت الظروف التي تستخدم فيها الخلايا التناسلية، فليس أصلها البيولوجي هو الذي يؤسس القرابة.

إذ من الضروري دائماً أن تأتي السلطة الأخلاقية أو الدينية أو السياسية لتقول ذلك.

الدرس الثالث:

سفاح القربى ليس مجرد حظر زواج:

l›inceste n›est pas qu›un interdit de mariage إن حظر سفاح القربى ليس فعل القرابة الأساسي l›acte premier de la parenté، مؤسس المجتمعات البشرية. ومع ذلك، فإن الصيغة التي اقترحها كلود ليفي شتراوس في عام 1949، شكلت مع ذلك نجاحاً هائلاً. لديه ميزة تتعلق بالحقيقة البسيطة والفريدة من نوعها في إنشاء نظم القرابة والمحظورات الجنسية التي تؤثر على الآباء الأقارب. كان الحظر الجنسي هو التعبير السلبي عن الأوامر القضائية الموجهة إلى كل شخص، في كل المجتمعات، بالزواج من دائرة قرابة له (يختلف التمديد حسب الحالة). من وجهة نظر منطقية، يمكن اعتبار حظر سفاح المحارم أول قانون يميز تمييزاً تقليدياً بين فئتين من الأقارب: الزيجات وغير الزيجات les épousables et les non-épousables.

لذا يمكن القول بأن أنظمة القرابة هي أنظمة أدخلت تبادل النساء بين المجموعات وكفلت - بالنسبة إلى بعضهن - تكاثرهن من جيل إلى جيل: ويعرف هذا بـ «نظرية العهد théorie de l›alliance»، الذي

يكمله، إن لم يستبدله، «نظرية البنوة théorie de la filiation» في تحليل وظائف القرابة.

يستند دليله بشكل مقنع على تحليل ما يسمى بالنظم «الأولية» (وهي كثيرة في الأدبيات الإثنوغرافية) حيث تتم الزيجات بين فئات معينة من الآباء وتتكرر من جيل إلى جيل. ومع ذلك، فإن النظرية بأكملها تستند إلى بعض التعميمات، لا سيما إلى حقيقة أن الزواج سيكون دائماً تبادلاً، وأن حظر سفاح القربى لن يؤثر إلا على زواج الأقارب mariages consanguins .

وفقاً للسيد غودولييه، فإن هذين الاقتراحين مشكوك فيهما. «لا توجد نظرية بسيطة لحظر سفاح المحارم. كل الزيجات ليست منفتحة للآخر: اليوم، نحن نعلم أن المصريين القدماء عادة ما كانوا يتزوجون من أخواتهم. لم تكن هذه ممارسة مخصصة للعائلات النبيلة أو الملكية، ولكنها ممارسة شائعة. كما تزوج المؤرخون الإيرانيون القدامى من أخواتهم، وكان الاتحاد قد باركه كاهن تزوج من شقيقته بنفسه. هذا لا يعني أنه لا يوجد ممنوع على الإطلاق: في مصر كان من غير المتصور أن يتزوج الأب من ابنته. من ناحية أخرى، هذا ما فعله داريوس، ملك الفرس. عامل الإغريق الفرس ك «كلاب chiens» لهذا السبب، لكنهم سمحوا للاتحاد مع الشقيقة من الرحم المختلف l›union avec la demi-sœur utérine في سبارتا، في اليونان. وعندما ذهبوا لاستعمار الإسكندرية، اكتشفوا الزواج مع الأخت. سيحظر الرومان الزواج مع الأخت، وستوافق الكنائس المسيحية على هذا لأسباب لا علاقة لها بالتزام تبادل النساء. لذلك لا يمكن القول إن هذا الالتزام هو الأساس الوحيد لقواعد السلوك الجنسي والزواجي. يقول غارينيلير: «سفاح المحارم هو سوء استخدام للجنس L›inceste est un mauvais usage du sexe، وليس خرقاً دائماً لقاعدة يمكن للزوج أن يتزوجها من منزله». الاستبعاد (المتغير) من القرابة هو جزء من - كما تم

التأكيد عليه بالفعل من قبل جاك جودي في عام 1985 - عدد لا يحصى من القواعد والأحكام والتقييمات الأخلاقية الأخرى التي تحيط بممارسة الجنس في المجتمعات البشرية.

ولكن إذا كانت هذه المحظورات لا تهدف بالضرورة إلى إقامة البورصات échanges، فما هي؟ لتنظيم الحياة الجنسية بشكل عام والتي، وفقاً لغودولييه، ليس المعادي للمجتمع ولكن الاجتماعي ببساطة: كل حظر الأخلاقي، حكم على ممارسته - سواء الغيرية أو مثلي الجنس - حتى الطابع التقليدي، وهو مثل الأدب، قواعد الطاعة، التعاون، إلخ. «الجنسانية تخلق العديد من التناقضات والخصومات لأنها يمكن أن تخلق أيضاً روابط». وتشمل هذه خاصة إلقاء الضوء من كتابه: «حتى الجنس، رغبة جنباً إلى جنب مع إمكانية تجارة الجنس على نطاق واسع، قد تهدد استنساخ العلاقات الاجتماعية قبل أن تصبح مصدر الصراعات والمواجهات التي يمكن أن تعرض للخطر استنساخ تقارير القرابين السياسية والدينية التي تشكل وحدة المجتمعات. لذا من الطبيعي أن يتم استبعادها من سياقات عائلية معينة». وهذا يعني أن الحظر الجنسي له وظيفة قد تكون مستقلة عن قواعد الزواج. ومن الواضح أن الواحد والآخر ليسا مستقلين تماماً: في المجتمعات المسيحية التقليدية، الجماع الجنسي خارج إطار الزواج هو خطيئة، منع الزواج يحظر أيضاً الجنسي... ولكن هذا ليس هو الحال في كل المجتمعات.

الدرس الرابع:

الأسرة ليست أساس المجتمع:

la famille n›est pas le fondement de la société

«القرابة ليست كافية لإنشاء مجتمع. حيث الدرس يظهر عدة مرات في عمل موريس غودولييه. ويأتي رداً على هذه الفكرة، المزروعة بالتأكيد

قبل علماء الأنثروبولوجيا، في غياب العلاقات الأخرى من الهيمنة والتبعية والقرابة والعلاقات بين الجنسين، والتي هي كافية لتنظيم المجتمعات، وتسمى بـ «دون دولة sans Etat» و «دون طبقات sans classes». ويقول غودولييه، ذهبت لأول مرة إلى Baruya في غينيا الجديدة: إنه مجتمع دون طبقات، دون طوائف une société sans classes, sans castes، دون دولة، دون حكومة.

ثم اكتشفت أنه لم يتم ربط أي عشيرة مع جميع الآخريات: لا يوجد تبعية زوجية dépendance matrimoniale بين جميع العشائر.. إنها حقيقة أنهم جميعهم يخضعون لنفس الطقس الذي يؤدي إلى اعتراف باروبا على هذا النحو. ومن هناك يستمدون حقهم في استغلال أراضيهم ذات السيادة. هذه الروابط السياسية والدينية هي التي تجعل وحدتها كاملة: فحتى المجتمعات البدائية لا ترتكز على القرابة، ولا على قيود الاقتصاد، بل على التخيّل السياسي والديني. في أي مكان لا تسمح القرابة وحدها لخلق الاعتماد المادي والاجتماعي بين جميع الأفراد وجميع المجموعات التي تشكل المجتمع.

لقد واصل الـ Telefolmins (شعب من غينيا الجديدة) ممارسة الارتباط المتبادل في الزواج، على الرغم من أن طريقة حياتهم تغيرت لمدة خمسة وثلاثين عاماً نتيجة لاستعمار منطقتهم. لم يتخلوا عنه إلا عندما شرح لهم المبشرون البروتستانت أن الأمر كان خطأ. ليصبح تحدي مثل هذا الدرس أكثر إلحاحاً عند تطبيقه على العائلة الحديثة. يمكن إقناعنا بأن العائلة - كما عرفناها في بداية هذا القرن - كانت نوعاً من جزيرة طبيعية في محيط من العلاقات المؤسسية rapports institutionnels: نوع من الحصن ضد تسليع العلاقات الإنسانية، الفردية المجردة، الأنانية المطلقة، إلخ. «في الواقع، كما أظهر جودي في عام 1985، فإن الكنيسة الكاثوليكية هي المسؤولة إلى حد كبير عن تشكيل الأسرة الحديثة: وهي

التي منعت، بين القرن الخامس والثالث عشر، تعدد الزوجات، الزواج المقرب، التسري، الطلاق، الزواج من الأرامل، التبني، إلخ».

لقد تم رفع العديد من هذه المحظورات من قبل علمنة المجتمعات، ولكن لا تزال هناك آثار عميقة منها في قيمنا الحالية. إن الكنيسة هي التي فرضت الزواج بالرضا المتبادل، ضد سلطة الوالدين في صنع وكسر زيجات الأطفال. لا توجد حتمية طبيعية أو اقتصادية يمكن أن تكون لنا. يمكن للعائلة أن تتغير، وتبني أشكالاً جديدة، ولا تنهار الروابط الاجتماعية، لأن القرابة ليست سوى جانب واحد car la parenté n›en est qu›un aspect.

الدرس الخامس:

عودة القرابة الاجتماعية:

la parenté sociale est de retour

«أي مستقبل للعائلة؟ من وجهة نظره، هناك المقارنة حول القرابة والأسرة في المجتمعات التقليدية، فيرسم بالنسبة إلى تطوراته الحالية - أول ميزانية عمومية. وفقاً له هناك ثلاثة أشياء قد تغيرت جذرياً في الغرب (لمدة قرن): «الجنس، والعلاقات بين الجنسين ومكان الأطفال في الأسر. وقد صاحب التنمية الجنسية الأكثر تحرراً انخفاض الزواج كإطار إلزامي cadre obligatoire للزوجين.

التعايش concubinage في الوقت الحاضر جزء متكرر من النسخ reproduction، وقد تم تصديقه إلى الحد الذي لم يعد فيه أي تمييز قانوني بين البنوة الشرعية والطبيعية filiation légitime et naturelle. ومن ناحية أخرى، فإن تطور وضعهم الاقتصادي وتقاسم السلطة الأبوية على أساس المساواة قد غيّر مكانة المرأة في الأسرة، وهي اليوم متساوية في الحق والحرية في حق الرجل. وأخيراً، يحتل

الطفل الآن مكانة متزايدة المركزية في الأسرة وفي نظر القانون: معظم الأحكام المتعلقة بالأسرة والزوجين تتخذ «لمصلحة الطفل».... إنها قرابة تستند إلى هذا المبدأ العالمي - ولكننا نميل إلى نسيانه oublier - حيث لا يكون الآباء بالضرورة هم الذين يصنعون الأطفال، بل الكبار الذين يرعونهم ويربونهم ويؤمنون مستقبلهم.

هذه العلاقة الاجتماعية التي ليس لها لديها حتى الآن أي أساس قانوني، كما فعلت على مدى قرون، احتلت دوراً ثانوياً في المجتمعات المسيحية حيث سعت الكنيسة دائماً للحد من اعتمادها.

التلقيح، نقل البويضات يسمح - بفضل قواعد عدم الكشف عن الهوية - بمحاكاة القرابة الطبيعية. العملية هي عكس ذلك الذي يرأس العائلات غير المستقرة: هنا، الوالد الثالث له وجود جيني فقط. هل يظل مخفياً، هل يجب الاعتراف بدوره؟ «هناك»، كما يقول السيد غودولييه، «مناقشة مفتوحة حول هذا الموضوع، حيث الحجج النفسية تثير بثقل.

من الناحية الاجتماعية، لا يطرح السؤال لحل واحد. إذا كان أسلوب الإنجاب جديداً، فإن العديد من الأمثلة الإثنوغرافية تُظهر أن الوضع الذي نشأ فيه ليس كذلك: ففي أوساط ساموس التي درستها فرانسواز هيريتييه، لم يكن أول مولود امرأة أباً لزوجها الشرعي.

الأب معروف ولكن ليس له دور أبوي rôle parental. في مجتمعات أخرى، يمكن للمرء أن يذهب إلى حد تجاهل اسم الأب. وأخيراً، لا تزال هناك حالة أكثر ابتكاراً نسبياً: أن الحق الممنوح للأزواج المثليين لإقامة صلات مع البنوية من أحفاد، في نفس الوقت، على قدم المساواة من الأزواج من جنسين مختلفين.

يجب أن نعرف أولاً أن وجود بيوت مثليين تربي الأطفال أمر مسلم به. المشكلة هي الاعتراف بهم. والحقيقة هي أننا، حتى الآن، لا نعرف مجتمعاً يمارسها بشكل كامل وصريح.

في الأمثلة المعروفة، هؤلاء هم الأزواج المثليون الذين يربّون الأطفال، لكنهم لا يمارسون الجنس. أو بعض الناس يبرمون الزواج بين الرجال، لكن هذا الاتصال الجنسي غير مخصص لتشكيل الأسرة. هو، بطريقة ما، أي ما يعادل Pacs. في مواجهة الطلب على الاعتراف، تستجيب البلدان الديمقراطية بترتيب مبعثر: بعض الولايات الأمريكية تسمح بتبني زوجين من الجنس نفسه، ولكن، بوجه عام، يحظر الدستور زواج المثليين. في كندا، العكس هو: الزواج ممكن، لكن ليس التبني. يبدو من الصعب على عالم الأنثروبولوجيا تقديم رأي مستنير حول هذا السؤال: يؤكد السيد غودولييه على أن التعرف على الشذوذ الجنسي وقبوله قد تباين في تاريخ المجتمعات الغربية، ولكن حتى الآن لا ترتبط بالرغبة في تربية الأطفال. الجدة هي في الرغبة في إرضائها. ووفقاً لغودولييه، هذه الرغبة الطفل المتبنى ليست خاصة مثلي الجنس: انه يظهر أيضاً في العديد من النساء غير المتزوجات، مما يعكس حقيقة أن الأبوة والأمومة والغيرية الأزواجية ليست ملزمة بشروط مسبقاً 15.

هذه الفقرات المدرجة في البحث، والتي تم اختيارها، لتوضيح ربما أخطر موضوع يمكن للمجتمع، أي مجتمع، أن يتعرض له ناحية اتصاله بمصيره، والذين يلعبون دوراً في رفْده بالأجيال، أو المواليد الجدد، وكيف تتم العلاقات فيما بين هؤلاء الذين ينشغلون بترتيبات على هذه الشاكلة، فيما إذا كانت الجنسانية ذات صلة بعملية التكاثر، أم الصراع الطبقي، أم بما هو غيبي، وكيف يمكن التوغل في قلب المعمعة، وهي أن القرابة، كمفهوم اجتماعي، ثقافي، تاريخي، لا تقتصر على مجرد الإنسال، أو تفهَم من خلال عملية الإنجاب، وأن العلاقات الزوجية ليست هي التي تُسأل عن توجهات القرابة، وهو التحدي الأكبر الذي، وكما يبدو، تعيشه مجتمعات اليوم «في أوروبا، أميركا» وغيرهما، وفي نطاق انفجار الأسئلة التي تطال كل شيء على أرض الواقع، وتصاعد نسبة المثليين،

وكيف يمكن للمثليين أن يكوّنوا أسرة مع الزمن، وأي تسمية دقيقة تكون مناسبة لهم، في الوقت الذي ينعدم الإنجاب، وفي الوقت نفسه، ما يتعلق بالاتصال الجنسي الذي لا يخفى على أحد في هذه المجتمعات، وفي حال الإنجاب، كيف يمكن فهم تركة العائلة، أو مفهوم القرابة بالمقابل؟

أسئلة لم يكف المعنيون بالقرابة، وسفاح القربى، ومن الاختصاصات كافة عن مناقشتها، والقيام بأبحاث مخبرية، ومن ثم السعي إلى ضبط العلاقات التي لا قبَل لهم بها، وهم ينظرون إلى الغد القريب، ومصير المجتمعات المختلطة وتأثيرها.

وهي نقاط بحثية، فكرية، وبنيوية في غاية الخطورة، تطرح نفسها على كل مجتمع، وتتطلب متابعة دقيقة لها!

تُرى، ماذا لدى المجتمعات التي ماتزال تراهن على ما هو ديني، وأحكام العرف والتقليد، وليس وجوب التعامل مع مستجداتها باعتبارها مرتبطة بالراهن، حيث إن الدنيوية ومتطلباتها تفرض نفسها، قبل أن يأتي الطوفان. ولا بد أنه ينذر بقدومه، مقارنة باستعدادات المجتمعات الأوروبية خاصة، لحظة تفشي سلوكيات مشار إليها سابقاً!

لدينا في الحالة هذه، ذلك الانقسام في عملية الإنجاب، وخاصية القرابة، وفق تصورات ثلاثة:

- أن المعني بالإنجاب ليس المرأة، وإنما وجود قوة خارقة: إلهية المصدر، كما في حال الهنود الحمر.

- اعتبار الإنجاب وظيفة بشرية، ولا بد من ضبط الوظيفة هذه تبعاً للعقيدة المسيحية، ليكون هناك التعميد والمحاسبة.

- النظر إلى الإنجاب ومن ثم القرابة من زاويتين مختلفتين، وهي حصيلة أحدث الدراسات، كما تقدَّم بها غودولييه.

علينا التعمق في مفهوم «سفاح المحارم» وكيفية تقصّيه في أصوله الكبرى، دون أي ادعاء أن لدينا أي قدرة في الإحاطة به، أي تأكيد حقيقة

تكون توضيحاً كاملاً له، وهذا ما يبقي باب الاستقصاء المعرفي مفتوحاً.

لهذا، يمكن التوقف عند عالم بحثي، فلسفي، تحليل نفسي، وأعني به رينيه جيرار، كما مر معنا سابقاً، إذ إن النظر فيما أفصح عنه في مضمار «العنف والمقدس» يشمل مختلف المحظورات، ومنشأها كذلك، ولهذا، فإن الذي يتم التركيز عليه في هذا الحيّز إنما يدور في فلك ما نتعقب خطوطه الكبرى، إن جاز التعبير.

إن أهم ما ينبهنا إليه هو البعد الديني، بالمعنى الواسع للكلمة، أي ما يبقى المشتغِل عليه، وهو متنوع وواسع المدى، خارج نطاق الممكن حصره أو تبيّنه بالكامل، وما يمارسه العنف من دور مركزي في حياتنا كبشر، وما يثير فينا جملة القوى النفسية والمعرفية لإنارة ما تقدم، كما في قوله (إن المناهج التي تتيح للبشر تلطيف العنف كلها سواء، فما بينها واحدة إلا ويجمعها بالعنف نسَب، مما يخولنا الاعتقاد بتجذرها كلها في الديني)16.

لا أظن أن هناك غموضاً في المقصد، إنما ما يجعل الديني مؤسساً لمجمل المحظورات التي شغلت تاريخ البشرية.

ولعل الذي يبقينا على تماس مباشر فيما يذهب إليه دون أن يفارقه هذا المفهوم، هو هذا التعالق بين الجنس والعنف، أي ما يحيل الجنس نفسه إلى سلطة ضمن سلطة كمرجعية لتعقب كل مسار تراجعي للعنف، فالجنسي محكوم بالديني هنا.

يقول بصدد الربط بين الجنس والعنف (إن المحدثين بإنكارهم كل علاقة بين الجنس والعنف، وهو ما لا يجد البشر منذ آلاف السنين صعوبة في الإقرار به، يحاولون إثبات «رحابة فكرهم»، وذلك مصدر جهل وإغفال ينبغي أخذه بعين الاعتبار، فالرغبة الجنسية، كالعنف سواء بسواء، تميل إلى الانكفاء إلى موضوعات بديلة إذا ما تعذّر عليها إدراك موضوع انجذابها الأصلي، وارتضاء جميع أنواع الإبدالات بطيبة خاطر. ص 71).

هذا التفعيل لأثر الجنس، يؤكد فاعلية موقعه داخل اللحم والذهن المأخوذ بحيويته، ويضرب بجذوره في تاريخ لا يحاط به، كما هو المؤرشَف على مستوى التعريف ببداية التكوين البشري في مجتمعاتنا هذه، أو في حيّز الأديان السماوية.

فيما بعد، يمكن النظر فيما ذهب إليه بصدد فرويد، وانطلاقاً من كتابه السالف الذكر «الطوطم والتابو» أو «الطوطم والمحرَّم» كما هو مسمّى في الكتاب المترجَم له، جهة محظورات السفاح، هناك تأكيد لافت على أن نقاد الأدب، حيث (يقللون من طروحات فرويد في «الطوطم والمحرم»، كون فرويد ينطلق من النتائج إلى المقدمات، وتأثير ذلك في عمل شتراوس «بنى القرابة الأولية» إلى الاستنتاج بوجود حلقة مفرغة، تولد الحالة الاجتماعية من المسارات التي تفترض قيامها بالذات. ص 323)

ورغم ذلك يُسمي ما يفيد بخصوص السفاح، وتبيان خطأ بتخطئة فرويد «ص 326»، من خلال مفهوم «طوطمية الحيوان» محيلاً إلى روبيرتسون «ص 329»، كما في قراءته لأوديب سوفوكليس (نص فرويد يبقى الأقرب إلى فهم حقيقة التراجيديا الإغريقية.... ورغم ذلك هو فاشل..ص 341).

أي حيث إن (تفسيره ناقص.ص 349)، وهذا ما يدفع به إلى البحث عما يبرِزه مكانة بحثية بصدد المحظور (ليس المحظور هنا وليد «حالة نفسية» جعلها التحليل النفسي مألوفة لدينا، بل هو نتيجة قاهرة تقضي بمنع «الصراع العام» الذي قد يجرُّ إلى «دمار المجتمع»، أخيراً، نجدنا على أرض الواقع الملموس حيث الحاجزة الجنسية، تفرّق بين البشر بدل أن توحّدهم.ص 354).

جيرار يضفي على المحظور طابع الحارس الأمين، أو الذي لا بد منه، مهما نظِر في أمره والنفور منه، كون الاسم بطابعه لا يبعث على الراحة، إنما يشير إلى أمر وقمع أو عنف يكون من جنسه، وكون الجنس بمعنى الإنسان كان مدشناً كبيراً لتاريخ ظهور الكائن البشري. ولنرى تالياً ما ينير

الساحة البحثية أكثر (إن الطابع المطلق للمحظور لا يوحي أبداً بالتفاهم المتفق عليه والحظر الذي تم إرساؤه، فلو كان الرجال قادرين على التفاهم لما شكل الحُرم الموغل في غياهب التاريخ وغير القابل للنقض جميع النساء، ولكان تقاسم الموارد الموفورة بين المستهلكين المحتملين أكثر واقعية وأقرب إلى التصديق. ص 355).

أتراه أحكمَ الطوق على كل من الرجال والنساء، من منطلق كونهم محكومين بما يكونهم بيولوجياً؟ ربما كان الأمر كذلك، إن تم التدقيق في هذه الخاصية البنيوية للعنف وطابعه الردعي على مستوى الجنس طبعاً، من دون نسيان الدور الفاعل للجنس من خلال المرأة في تلوين التاريخ البشري، وحتى منح الرجل حراكاً يستحيل تجاهل المرأة من خلاله.

لهذا يسهل تبين منحى كلامه (إن المحظور يلقي بثقله على جميع النساء اللواتي استخدمن رهاناً للمنافسة، لذا يقع على النسوة القريبات لا لأنهن، في حد ذاتهن، أكثر إثارة للرغبة من الأخريات، بل لأنهن قريبات، ويشكلن بالتالي، موضوع منافسة. ص 365).

المسافة تفرض قوتها، والنساء الأقرب يشغلن التفكير، على مستوى الرؤية أو المتخيل الحسي أكثر من اللواتي يقمن في مسافة أبعد، وهذا يعلِمنا بصلة الجنس بالمكان ومساحته، ونسبة التباعد بين الرجل والمرأة ليصعد بالمفهوم إلى ما هو شعائري، كما لو أنه إزاء ذبيحة لرد العنف أو إسكاته (إن المحظور ككل أنواع الحماية الذبائحية، يمكن أن يرتد ضد الشيء الذي يحميه.. فالمحظورات داخل الجماعة تنحدر كلها من أصل واحد، وتؤدي الوظيفة عينها. ص 365).

ربما يكون المحظور مختلفاً، لكنه من حيث الهدف واحد، وبهذا يفهَم مقام الفكرة المركزية جهة المحظور (تحيط الجنسانية الشرعية منطقة حظر حقيقية يفرزها مجموع المحرمات الجنسية التي تعتبر محظورات السفاح جزءاً منها، وإن تكن أكثر أجزائها جوهرية. ص366).

هنا يكون مكمن الخطر، كما أرى، ولا أدري كيف كان جيرار يتدبر العلاقة بين المحصور والمحجوز ضمن دائرة مسماة، نطاق المسموح بالتحرك داخله، والمحظور الذي يعايَن ويشاهَد، ويتحسس به، كما لو أنه هو نفسه العين الساهرة، إنما الراصدة لتلك. وهذا يحرّكنا في جغرافية التاريخ وتفاوتات مناخاتها (إن إحكام المحظورات في المجتمعات البدائية يفوق إحكاماً، ما هو عليه في مجتمعنا بوجه عام. ص 367).

ذلك صحيح، إنما إلى حين، إذ إنه لا يقدّر إعراب تلك المجتمعات تاريخياً، واختلافها عن مجتمعات اليوم. إذ إنه بالرغم مما يمضي إليه، وهو وحدة المحظور العالمي، ولكنه المحظور الذي لا يكون واحداً من مكان إلى آخر، فالمكان منقسم على نفسه، وليس من مكان يمكن النظر إليه باعتباره مسطحاً، أو بالمساحة عينها، والمجتمعات البدائية كما سمّاها تكون مرئية في مساحة أرضية، وضمن عدد معين مدرَك من السكان، وتحديداً في بيئة محددة.

فيما بعد، يكون تعرضه لنظرية شتراوس معتبَراً، وهو ينتقده، كما يثمّن جهده بداية، وهو يقارن بين تصوره وتصور براون السالف الذكر، بالنسبة إلى العلاقة بين البيولوجي والسوسيولوجي، أو الطبيعي والثقافي. وما يشكل نقداً لشتراوس (حتى أكثر المفكرين طليعية لن يفلح في إقناعنا بأن التمييز بين الأب والابن والأخ والأم والابنة والأخت هو من خداع حواسنا المضللة، أي ضرباً من الاستيهام.. لعله يكون كابوساً طارئاً على فكر متسلط، مصنّف، قمعي، وحتى الاهتداء إلى معطيات التناسل الأولية التي بدت من الوضوح، بحيث يستحيل إنكارها.ص 375)، حيث يظهر شتراوس منقوداً، ومطلوباً منه النظر إلى نظريته في القرابة، أو إعادة التدقيق في بنيتها، حيث إن الفصل بين الطبيعة والثقافة، وكما تنشَّط هو، لا يكون مقنعاً، إنما يشدنا إلى طريقة النظر والذهنية الخفية داخله، ولذلك فإنه (ما من نظام قرابة إلا ويوزّع الشرعي واللاشرعي في

الشأن الجنسي على نحو يفصل الوظيفة التناسلية. وحدها المحظورات تتيح تحديد ثمار النشاط الجنسي بإنشائها التعارض بين هذه الثمار وعقم الإمساك والتقشف.ص 377).

أي إن هناك ما ينزع عن نظام القرابة التليد كبرياءه، وزعم المصداقية التي تتجه في مسار أحادي، تبعاً لرؤية شتراوس.

لهذا، فإن هناك خللاً في ربط الثقافة بالمحظورات وحدها (إن استخراج الحقيقة البيولوجية ليس علة وجود هذا النظام، فما هي الوحيدة المستخرجة منه، أقله ضمناً، لكنها جزء من كل أشمل. لذلك، تحديداً، لا يصح اتخاذها نقطة انطلاق.. ومن المحتمل أيضاً ألا تكون بعض الثقافات قد اكتشفت، برغم محظورات السفاح، العلاقة بين الفعل الجنسي والولادة. ص 378).

ولعله، في ضوء ما تناوله، يخلص إلى ما يشبه النتيجة المخطط لها (إن الصعوبة التي يواجهها شتراوس في التخلص من كل تردّد ولبْس عند محاولته إثبات العلاقات البيولوجية داخل أنظمة القرابة، تتجذر، بطبيعة الحال، في الشعور شبه الغريزي السائد في عصرنا، بأن الفكر الذي ينشئ العلم لا يمكن أن يكون من نوع الفكر الذي ينشئ الأساطير والطقوس وأنظمة القرابة. ص 380).

ومن ثم، ما يَنتظَر من ملاحظات (لا بد من إشارتين، إذاً: الأولى، أن لغة القرابة هي لغة غير مكتملة، والثانية، أن بعض المجتمعات، وفي مقدمها مجتمعنا، لا تتكلم هذه اللغة، أو أنها توقفت عن الكلام بها.ص 384). ويعني ذلك اعتبار شتراوس، فيما اعتمده من منهج تفكير «وضعياً» وهو الذي يظهر أنا ينقلب ضده أو عليه، في المآل شبه الحتمي لطريقته البحثية (فالمقايضة الوضعية ليست إلا الوجه الآخر الإيجابي للتحريم. ص 397).

تلك هي الخطوط العريضة، أو ما يمكن توصيفها باللافتة في «عنف» جيرار المرتبط بالجنسانية، وما يجعل من الجنسانية بموقعها الحيوي،

والبشري، متضمنة عنفاً من لونها، وحركتها، وبقائها، وهو الذي يبقينا في وضعية المسلّم بهذه اللغة التي تفوه بها جيرار، أي وجود ما يتحكم بنا، وإلا فلن يكون هناك خير، أو ما يجعلنا أكثر تهدئة وأقل قلقاً، وهي خطوط يمكن إنارتها من الداخل لتبيُّن الممرر فيها من جملة المؤثرات ذات الصلة بموضوعة سفاح القربى، وكيف تتقابل الطبيعة- الثقافة، أو بالعكس، كيف تتناظران، أو تتشابكان، ويلتبس الموقف جرّاء ذلك.

تُرى، أين تقف جملة المواقف التي عهِدناها في منطقتنا، ومنذ زمان طويل، سواء بالنسبة إلى مكانة الجنسانية في حياتنا، أو فيما نعيشه نحن جرّاء التحديات الكبرى، على مستوى تجلّي أبعاد جديدة للجنسانية هذه، ومآل القرابة تالياً في المقابل؟

هل نحتاج إلى المضي قدماً في إضاءة أرضية هذا السؤال المركَّب، أم ندعه معلَّقاً، وهو ليس معلقاً، إن دقّق فيه، عندما يتم الكشف عما يجري في مجتمعاتنا، والمشاكل التي تتراكم فيها، والمتحصّل من حالة ما بعد التخلف الكارثي فيها؟

زعمُ الطهرانية، كمدخل قويم، لإماطة اللثام عن الكثير مما يعتور مجتمعاتنا، ومحاولة اختزال المشاكل تلك، إلى جانب التهرب منها، أي عدم الاعتراف بالنخر المتعدد الأنواع فيها، والتفاخر الإنشائي بما كان، علامة فارقة فيها، وما يترتب على كل ذلك من إمكان القول باستحالة التأكيد على وجود فلسفة فعلية تسمّي القائم وتنقده، والجنس مؤثر في لعبتها!

إذ ما الذي يهيب بالناس، في أن يتخوفوا من كل محاولة تسمية لخطأ معلوم، يُسأَلون عنه جميعاً، وهم على يقين تام، أن ليس من يوم يمر، إلا وتُرتَكب أخطاء كثيرة، ومنها ما هو قاتل، ذات صلة بمصيرهم المجتمعي؟ أهو خوفهم الذي يعقب لحظة الاعتراف بالخطأ الأول، أو بوجوب الوقوف عليه وتبيان سببه، والخشية من أن يفتح أبواباً لا يمكنهم غلْقها لاحقاً؟ لماذا يظهِرون حماستهم، وهم يعلِمون بعضهم بعضاً بأن الجهة «الفلانية»

فـي الدولـة/ المجتمـع، قـد أخطـأت بحقهـم، سـوى أنهـم، لحظـة السـؤال عمـا يجـري، بالـكاد يشـيرون إلى مشـكل معيـن؟ تُـرى، عنـد أي أي مسـتوى مـن الحرية الفعلية يعيشون؟

لماذا يتكتمون على ما هو جنسي فيهم، وهم يعلمون تماماً، ما يصلهم به، أو ما يتأثرون به من خلاله، وما له من حضور مجتمعي، يشار إليه من قبـل الخاصـة والعامـة، أمـا أن يضاء على حقيقتـه، وفيمـا بينهـم، فـي مـكان علني، فذلك صعب جداً!

أليـس الإمعـان فـي القمـع والتهديـد، ومـن ثـم إصـدار الفتـاوى، والتشـدد في معاقبة المخالف اعترافاً بأن هناك ما ينذر بالانفجار الكبير.

إن السـد المقـام مضغـوط عليـه مـن المـاء الـذي تتصـادم أمواجـه وتزبـد وترتطم بحافة السد وأحياناً تعلو، وهي تقذف بِرشاش مائها بعيداً، مثيرة تلك الرعدة الخاصة في كامل الجسد من انجراف السد وانهياره وحصول الكارثي؟

ذلـك تعزيـز لفكـرة لا يُنتبَـه إليهـا فـي مجتمعاتنـا بالـذات، وهـي متأصلـة فـي بنيتنـا الجسـدية، إنهـا التـي تشـير إلى الاسـتخفاف بهـذه البنيـة، بتاريخهـا، وسـيرتها اللحميـة ومـا يتخلـل النسـيج اللحمـي والعصبـي مـن قـوى رهيبـة، واستحالة التمكن منها بالطرق التقليدية إلى أبعد الحدود. وربما كان الكثير ممـا نسـمع بمـا هـو صـادم لنـا، جرّاء هـذا المسـلك الـذي يفتقـر إلى البصيـرة، أي مـا يكـون عليـه مفهـوم سـفاح القربـى أبعـد مـن حـدود الدينـي، كمـا لـو أن الديني يعدِم صلات بفاعل في تشكله دنيوياً.

إنه تاريخنا الذي يغذّي فينا فضولاً معرفياً لتحرّي ما هو أبعد من المدوَّن باسـمه، كمـا الحـال هنـا، ومعرفـة بنيـة العنـف الـذي يُتهجـى هنـا وهنـاك، وكيـف اكتسـب حضـوراً عالميـاً، بشـرياً، ومـن يسـتفيد منـه بقـاء ونمـاء وتنويعـاً، وإزاء القضايـا الأكثـر حساسـية، كمـا يقـال، وفـي المتـن «سـفاح القربـى» ووضْـع سيرة كاملـة عنـه، لنكـون أكثـر قربـاً مـن أنفسـنا، ولأنفسـنا، ومـا إذا كنـا قادريـن على ذلك، دون ارتداء أقل قدْر من الأقنعة!

المقدس وسفاح القربى ولعبة العيد في مستجداتهم:

ثمة نظرية فالحة بدعاماتها الثقافية واستطالاتها البحثية والفكرية والجامعة بين الطبيعي والثقافي أو بالعكس، تشكّلت من المقاربة الكشفية فالتاريخية ذات الباع الأنثروبولوجي لدى الباحث الفرنسي روجيه كايوا، في مؤلَّف ذي مأثرة اعتبارية، يستشرف هذه العلاقة غير المستقرة «الإنسان والمقدّس»، تستحق التوقف عندها، من زوايا كثيرة، يسهل التعرف إليها، من خلال متابعة نقاطها الحيّة:

كيف هو نظام الفصل والوصل على الأرض الرطبة للمتعة «المشبوهة» وبخار الرغبة المتصاعد من تينك الجسدين المتداخلين أو الملتحمين في لعبة طلب المتعة تلك، في مناخ صامت، أو علاقة مضادة للقانون الوضعي، أو الشرعي كذلك؟

وربما كان العنوان الفرعي المتعلق بموضوعه «فقرة التسليفات الجنسية» لافتاً بمحتواه المتوقع، عندما يتطرق الباحث في ضوء متابعته لما كتبه السابقون عليه، حال فرويد، مثلاً، حيث الحدود القائمة بين الزواجين: الخارجي- الداخلي، بين زواج الأقارب وزواج الأباعد، ضمن أمن العلاقات الزوجية، وبعيداً عن أي مساس بما يمكن تسميته بـ «حُرْمة» القربى، وذلك عندما يتحدد مفهوم الزواج وتجاه من ومن قِبَل من، ومستفيداً من جهة التنوُّر من معاصريه، كما هو جلي في متن كتابه، ولدينا الكثير من التوضيحات النسبية هنا، كما في (إن مبدأ التبادل هذا هو نفسه الذي يتحكم بالزواج، ما يجعل ضرورة الزواج الخارجي أكثر من وجه إيجابي بسيط لتحريم السفاح. ليست القضية قضية زواج من خارج الجماعة بل زواج من جماعة أخرى محددة سلفاً. فمن القرانات ما يكون موصىً به، ومنها ما يكون أقل حظراً. ومن وافانا بأدق شرح لهذه الظاهرة هو أيضاً مارسيل غرانيه، مستنتجاً أن الزوجين يكونان قريبين قدر الإمكان

من دون أن تبلغ بهما القرابة حد التماهي الجوهري. ما يقرر التماهي هنا هو الاسم، فيما تقرره في أماكن أخرى عوامل مختلفة، كالانتماء إلى العمارة أو المبدأ الكوني الذي تجسّده وتؤمّن له الاستمرارية بفضل تواصلها. إن الزواج قضية اجتماعية: ففي كل جيل جماعتان وتتبادلان فتيانهما في حال كان المسكن أوموياً «matilocat»، وفتياتهما في الحال المعاكسة. وإذا ما استعدنا تعابير غرانيه الموفَّقة قلنا إن الزوجين المرتبطين يمثّلان جمْعاً من الرهائن الشاهدة على تضامن عريق وتفويض من قبل الجماعة المنافسة وتحالف قديم تتجدد عهوده باستمرار.... قد كانت القاعدة، منذ قديم الزمان، يوم كانت الوحدة الجوهرية تنتقل عبر النساء، تقضي بأن يتزوج الفتى ابنة خاله أو ابنة عمَّته التي يكون والداها قد تزوَّجا بموجب القاعدة المذكورة، لأنه يحق للرجل أن يتزوج امرأة ما لم يقدّم أخرى عوضاً عنها إلى عائلة المرأة التي ينوي الزواج بها، ولا سيما إلى أخيها، وهذا أمر طبيعي. ولا يُعتبَر الاتحاد الزوجي مثمراً إلا إذا حصل «بين أفراد عائلتين تربطهما منذ عهد بعيد صلات المصاهرة».ص115).

علاقات كثيرة وفي مسارات مختلفة، تترك بصمتها على كل زيجة اجتماعية، وهي برزت حالة مصاهرة بين طرفيْن، أكثر من كونهما شخصين، بما أن هذين يرمزان إلى ذينك الطرفين، وهذه المصاهرة تترك آثارها على أصعد مختلفة، ليس في القانون وحده، وإنما في أحكام العُرف بالذات، وهي التي تلقي بظلالها على ذاك القانون أحياناً، أو قد تكون هي ذاتها في مستوى القانون الصارم بالنسبة إلى الجماعات العشيرية، أو ضمن نطاق القبيلة، حيث الجميع مرصودون، مرئيون، ومراقَبون. سوى أن المسألة هنا لا تخفي بعدها الصراعي، بين الفتى وابنة خاله أو ابنة عمَّته، وما يترك كل عنصر زواج من تأثير في العلاقة المستقبلية من جهة، وذلك على مستوى تدخلات طرف في شؤون الآخر، اعتماداً على الفتاة التي انتقلت إلى خانة

الآخر، وما يمكن لسفاح القربى أن يشهد خرقاً/ انتهاكاً، في ضوء زيجة كهذه، وتلك الخاصية المتعلقة بدرجة القرابة، ونوعية الاشتهاء وحدودها وبمحفّزات مختلفة.

علينا ألا ننسى طابع الصرامة في القواعد الاجتماعية المرسومة، داخل العائلة، قبل كل شيء. فالآفة الاجتماعية، من نوع الرذائل والفضائح، تنطلق من خلالها، بما أن المجتمع حصيلة أسريات، وحيث إن العائلة لا تنعزل عن الخارج، وتشعر أنها من حيث البنية خاضعة للمراقبة، فإن المؤثرات الخارجية والداخلية لا تحافظ على أي نوع من الثبات، كون العواطف لا تتبع سيستام القانون أو الشرع حرفياً، إنما ما هو راسخ في بنيان الجسد، وما في ذلك من خلافات أو انحلالات وتقلبات، أي ما من شأنه تعرض العائلة لاختلال في العلاقات، وانتهاك حدود المحظور، لأن الصيرورة لا تخفي إرادة المناورة والالتفاف على ما هو قائم أحياناً، وليس من عائلة تعيش انسجاماً أبدياً، فثمة ما يهتز تحتها باستمرار (إن الأب والإبن يقيمان معاً، في الواقع، لكنهما ينتميان إلى جماعتين متعارضتين، فحياة الرجل لا تستمرّ مع ابنه، بل مع أولاد أخته التي أبعدها عن وطنه إلى الجماعة المكملة.

وحدهم الصبيان يبقون حيث وُلدوا، أما الفتيات فيرجعن إلى خالهن كي يتزوجن أبناءه وينجبن له الأحفاد، فيكون بهذه الطريقة قد استرد أصله وماهيته. أما أبناء أخته، الذين يمثلون روح الشباب النابض في كيانه، فإنهم يبقون في الجماعة المنازعة حيث يشغلون، بالنسبة إلى هؤلاء الأحفاد، موقع من يمسك بنعم الحياة، وهو الموقع الذي كان يشغله هو بالنسبة إليهم. هكذا ينتقل دفق الحياة داخل كل جماعة من الجد إلى الحفيد مروراً بالجماعة الأخرى بوساطة ابن أخت الأول أي خال أم الثاني. ما الزواج الخارجي إلا تبادل النساء المتواصل والإلزامي، ذاك الذي يؤكّد التعاضد والتعارض بين زمرتين اجتماعيتين وجنسين وجيلين متعاقبين. ص116)

ولأن الحديث عن العائلة ونظامها الاجتماعي والتربوي، يرينا أي ثقافة قائمة داخلها، ويُتغذى عليها، فإن الذي ينبغي إيضاحه أن ما ينوّع في العائلة هو وجود قوى فاعلة، ربما تكون هي ذاتها قيّمة على قانونها، جرّاء أي تغير يتهدد مصلحتها، وهي في موقع سلطوي معين، فلا يعود السفاح سفاحاً، وإلا لما جرى «الهتْك» هنا (.إن السّفاح هو شأن الأمراء، لأن الاحتفاظ بالنساء القريبات يُتيح للسفاحي أن يُخلّ بالتوازن لمصلحته، أو بالأحرى، يمكّنه من إرساء تفوّقه.ص117).

وهذا ما يقرّبنا من بيت القصيد المنذر بالانفجار بحكم مستجدات الظروف (إن التسليفات الجنسية هذه تؤلّف مع نظيرتها العائلية والخدمات الطقسية جوقة متناغمة تنسج، عبر عملية حبْك متواصلة لتلك التحولات الناشطة من حساب فريق إلى آخر، تضامن العشيرتين اللتين تشكّلان فضائلهما المتعارضة في اللامنظور كل الكون العضوي، الذي يشمل نظام الطبيعة ونظام البشر.ص 117).

وما يجري التنبُّه إليه يُبنى في ضوء ما خطّط له، وليس ما كان، حيث الفصل بين الجنسين يرتكز إلى قاعدة حدودية، رغبة في توسيع قاعدة العلاقات المجتمعية. فالأخ والأخت لا يجوز لهما أن يدخلا في علاقة جسدية «سفاح قربى»، سوى أن أولادهما شباباً وبناتاً يجوز لهم أن يتزوجوا من بعضهم البعض. حيث إن الطبيعة قائمة أو موجودة في الحالتين، سوى أن توجيه مسار الاشتهاء مختلف، أي ما يجري تقديره على أنه إساءة إلى نظام طبيعي، والواقع هو مجرد اصطلاح متغير زمنياً، وذلك بين مجموعة من المعنيين بمسألة الضوابط الجنسية وأحكامها الأخلاقية (إن زواج شخصين من «طبيعة» واحدة، أي من الزمرة الاجتماعية «groupe spcial» نفسها، لا يقل عن الزواج المثْلي إخلالاً بالنظام العام، إذ يبدو مثله محكوماً بالعقم البائس، حتى ليصدق فيه المثل الصيني الذي أورده غرانيه، ومفاده أن انفصال الجنسين يشكل أساس الزواج الخارجي

«mariage exogame». إذا حملنا هذا القول على محمله الحرفي خُيّل إلينا أنه ينطوي على استحالة، لأن الزواج الخارجي يرسم قاعدة تقارب الجنسين أكثر منه قاعدة انفصالهما. ص 119).

وأن التالي يحال على تصور أخلاقي، حيث المحرَّم قد لا يتطابق مع علمية الفكرة، أو سوية العضوية، إن تذكرنا حصول حالات من زيجات «سفاح القربى» في مجتمعات قديمة، وعلى مستوى العائلات بالذات، أو ما كان يجري «الترخيص» له بطرق غير مباشرة، لاستمرار النسل أو في إطار درس أخلاقي- تاريخي18.

لنلاحظ، مثلاً، ماذا يقال في نتاج سفاح القربى (لا يولد من اقتران شخصين متماثلين في الطبيعة إلا طروح ومسوخ. وفي الصين، يُعتبَر الأولاد متخلفين إذا كان والداهم يحملان الاسم نفسه من دون أن تجمعهما رابطة الدم، لما ينطوي عليه تطابق الاسم من إشارة إلى تماثل الطبيعة. كذلك يُعاقَب منتهكو قاعدة الزواج الخارجي بحيث لا يُهدَر دمهم على الأرض، لأنه يمنيها بالجدب، وما من شك في أن الاعتقاد بأن زواج الأقرباء لا يُنتج إلا أولاداً هزيلي البنية ومشوَّهي التكوين، هو من موروثات هذه التصورات القديمة العهد.ص 120).

فهنا يختلط القانون المحسوب على معايشة علمية، مع ذاك المنسوب إلى تصور تقليدي أو ما يكون عرفاً اجتماعياً، وما بينهما من تباعد، وحتى ما يندرج في خانة الخرافة، كما في حالة الاسم، ربما تعبيراً عن تخوُّف بأن هناك سلطة عقابية في بنية الأسماء والتي يتوجب على حامليها فصلها عن بعضها البعض، كما لو أن هناك سفاح قربى حتى في نطاق الأسماء المتشابهة عينها، أو لعل هذا التشابه يفضي إلى انتهاك ذلك القانون العرفي المتعلق بسفاح القربى، حيث يكون محفّزاً، ومن سلطة رمزية هنا. وما يذهب إليه المؤلف/ الباحث، ينير العلاقة «السفاحية» في عنوان فرعي تال، وهو «فقرة الـ«سّفاح»، فعل «مِثلية صوفية»، أي ما يجري

الغفْل عنه، أو تجاهله، من توحُّد لا يفيد أي طرف، بالعكس، إنه نظير العدوى الجائحة، كما يظهر، وليس تعميم قاعدة الردع أو العقاب، وتوسيع حدودها، إلا سعياً إلى ضمان أمن الزواج المتوخى، حيث يراعى وضع كل من الاسم والمسمى، لهذا الغرض. أي إن عملية التهويل تكون رغبة في تفعيل أثر المنشود بصورة أسرع، وكيف يتم إدخال الحيوان ذاته في بنية اللعبة، وما في ذلك من صنيع لافت على مستوى البيولوجيا الحيوانية والنباتية العرفية، إن جاز التعبير (وعليه، فإن انتهاك قاعدة الزواج الخارجي، كما يحدّده تورنفالد، لا يمثّل «خرقاً للتنظيم الذي تنهض عليه الحياة المشتركة» وحسب، بل إنه، على الصعيد الصوفي، رديف المِثلية. إنه يشكل إهانة للحق الإلهي «jus» بإلحاقه اللاحق بالعِمارة المنازعة «أي العصبية المنازعة»، وإهانة للشريعة الإلهي « fas» بحكم كونه عملاً منافياً للطبيعة. هكذا يُنظر إليه، في الواقع. وليس أدل على ذلك من شرح هاردلاند «عالم سوسيولوجي بين عامي 1869-1954، لمعجم «الداياك» شعوب يناهز عدد عشائرها الأربعمئة والخمسين، يعيش معظمها في الجزر الأندونيسية والماليزية» والذي يصنّف المِثلية في عداد الأعمال المنافية للطبيعة. هذه الأعمال تجلب الموت بالصاعقة، وهي أنموذجية، منها، على سبيل المثال، إعطاء «رجل أو حيوان اسماً ليس له ولا يناسبه، أو نعته بصفة تتنافى مع طبيعته، كالقول عن قملة، مثلاً، إنها ترقص، أو عن جُرذ إنه يغنّي، أو عن ذبابة إنها تحارب...، أو عن أحد الأشخاص إنه ابن- أو زوج- هرّة أو أنثى أي حيوان آخر. من هذه الأفعال المنافية للطبيعة أيضاً، أن يطمر أحدهم حيواناً زاعماً أنه يدفن إنساناً (لا يكمن الإثم في فعل الطمر)، بل في هذه الكلمات، تحديداً، أو يسلخ ضفدعة حيّة، قائلاً: ها قد نزعت معطفها. إن انتهاك قاعدة الزواج الخارجي هو أشبه بكلمات مدنّسة بطبيعتها، تُنذر بالشؤم وتزري بترتيب العالم إلى حد أن التفوّه بها يضربه بالخلل).

وعلى هذا النحو- كما قلنا (يُرى في تزاوج حيوانات من مختلف الأنواع بدائل لهذه الأفعال المنافية للطبيعة وأيضاً، (بصورة تفوق هذه الأدلة) في محاولات تزواج حيوانات من الجنس نفسه، نظير خنزيرة تقفز على أخرى. مثل هذه الانحرافات لا يمكنها إلا أن تخلّ بالنظام العام، وإذا لم يُصَر إلى معالجتها في الوقت المناسب أدّت إلى هزات أرضية وأمطار جارفة أو جفاف مفرط بل، وقبل كل شيء، إلى جدب الأرض وقحطها. إن الربط السببي بين ظواهر من هذا النوع في المجتمعات التي يصعب أن نجد فيها خرقاً لقاعدة الزواج الخارجي لأنها تأخذ بالقرابة الاصطلاحية، يكون من الإحكام بحيث إن أي شذوذ في النظام الطبيعي، كنمو يقطينيتين أو خيارتين على ساق النبتة الواحدة، يُمكن أن ينهض دليلاً على وجود «سفاح» ما وليتم التحديد المعياري بطابعه الاقتصادي في «استهلاك الطوطم، فعل آدم» وتوضيحه (ما «السفاح») إلا خرق مميز لنظام الأشياء يتمثل في الاتحاد الآثم والعقيم حكماً بين مبدأين يحملان العلامة نفسها. وهو، من هذا المنطلق، يتطابق تماماً مع انتهاك المحظور الغذائي، حيث يقتضي وجود علاقة قطبية محدّدة، كما في الزواج، بين الأطعمة والشخص الذي يستهلكها كي تعود عليه بالفائدة. وذلك أن المتعضّي لا يحتاج إلى الغذاء الذي يتكون منه، بل إلى ذاك الذي ينقصه، لذا كان الفرد يحترم طوطمه ويأكل طوطم الجماعة المقابلة. إن استهلاكه طوطمه الخاص لا يمدّه بالغذاء المطلوب، بل بالعكس، يمنيه بالسقم ويورده الهلاك. ص122).

نحن في الحالة هذه في مواجهة أمرين اثنين، بالنسبة إلى طريقة إدارة مفهوم «سفاح القربى»ما هو عائد إلى الذات الجماعية، حيث إنها تحاول الحرص على حيوية التقيد بقانون سفاح القربى، تأكيداً على وجود إرادة جماعية، ورسوخ سلطة تمثل جميع أفرادها، داخلاً، وما يتعلق بالخارج، حيث تجاور مجتمعات أخرى، تبقى غريبة ابتداء، وليجري تأكيد على وجود مقدرة في التواصل الخارجي، إذ يتم ليس التعارف وحده، وإنما

إقامة علاقات مختلفة، وضمناً الزيجات الخارجية، التي قد تقوم في بعض الحالات على نوع من الإعجاب والرغبات المتبادلة، أو من وازع تفوقي لطرف على آخر، كما في حديث «النجابة» ومردودها الجنساني، وليكون للبعد الأخلاقي مقامه وعلامته الفارقة، وما في ذلك من أهلية للاستمرار، وهو بعد لا يصار إلى تحديد موقعه في نطاق سلطوي خارجي، إنما يتوزع بين أجهزة، حيث إن للسلطات المعنية حضورها، ونظام عضوي موجَّه للتنبه إلى الجاري، وما في هذا الذي نتحدث عنه بخشية ما، من قوة وسطوة ومأثرة موقعة داخلنا، بصيغ شتى.

هنا نكون، حيث يكون المؤثّر الزمني والمعرفي، كما يفسّر الباحث موقعياً «بين المحافظة والخَلْق»: ما يكون بقاء عبر حراسة ومراقبة ورصد مخالفات، وما يكون إنتاجاً نسلياً بعيداً عن سفاح القربى (في هذه الحالة أو تلك «بعض ضبط المحظور»، تكمن الفضيلة في البقاء ضمن دائرة النظام، أي لزوم المكان نفسه وعدم تجاوز الحد المقرر، أي الوقوف عند حدود المسموح وعدم التصرف بالممنوع. بذلك يسهِم، كلٌّ بطريقته وفي ما خصّه بالذات، في صون نظام العالم. تلك هي وظيفة المحظورات، بحسب الوصايا الطقسية. ص139).

إنما ثمة ما كان مقدَّراً له أن يكون عنصراً داعماً لهذا البحث، ومن بين سردياته الكبرى، أعني بذلك ما يضعنا في مواجهة الخفي فيما ذهب إليه الباحث بتعبيره «مقدس الانتهاك: نظرية العيد»: إذ كيف يمكن إجراء هذا التقابل بين كون الشيء مقدَّساً واعتباره منتهكاً؟ كيف يجاز الانتهاك وهو نقيض المقدس؟ تبعاً لأي تصور قيمي يمكن التناغم أو إيجاد علاقة هرمونية بين هذين النقيضين، وكأنما متعادلا قوة داخلاً وخارجاً؟

وما الذي سرَّب العيد إلى الداخل؟ أهو عرّاب العلاقة الخفية، كشّاف السر في برزخ ما، فاصل بينهما، حيث تقيم متع معينة، محظور عليها الإفصاح عن وجودها، أو التسلل عبر كلام منطوق خارجاً، أو من خلال

ملامسة، توحي بمثل هذا الاشتهاء «الملعون»؟ سوى أن العيد رغم آنيته «مناسبته» تفتح كوة واسعة، لنطل عبرها على ما هو قارّ في الداخل النفسي، كما لو أن المحكي عنه عيداً، أو المُسمّى عيداً يكون الأصل في مستهل وجود الخلق، ليأتي العرف وما تحصّل منه: القانون، دون أن يلغيه كلياً، فيما بعد؟

ذلك ما نطالع به دخيلته (تأتي فورة العيد لتقطع سير الحياة النظامية حيث الكل منهمك في أعماله اليومية، حياة مستقرة ومقيدة بنظام من المحظورات لا وجود فيه سوى لاحتياطات تحفظ نظام العالم طبقاً للقول اللاتيني المأثور: لا تحرّك ساكناً quieta non movere. ص 141) وما ينير ساحة العلاقة هذه، وكيف أن العيد ترجمة حيوية لما يكون عليه أصل الجنس:

(... ما بين الأعياد واحد، مهما يكن في جوهره حزيناً، إلا وينطوي، في أبسط الأحوال، على بادرة إفراط ومجون. لقد كان العيد ولا يزال، أمس كما اليوم، يتمثل في الرقص والغناء والتهافت على المأكول والمشروب. على المرء أن يُقبِل على كل ما تلذّه نفسه وتشتهيه، وأن يعبّ منه حتى التخمة والمرض. تلك هي سنّة العيد. ص 142).

وذلك ما يختم به واقعة نشأته، ما يعنى به العيد، حيث تُرفَع الحدود، في وضعية مناسبية، كما لو أن الصفة الجماعية لهذه العلاقة المعتبَرة سِفاحية، اعتراف بأصل يستحيل نفي حضوره، حيث الدخول في «حضرته» بمثابة دفْع دية، ضريبة دورية معلومة، لا يعود لسفاح القربى من قائمة، فالعيد من العودة، الاستعادة، المعاودة، بمقدار ما يكون تصريحاً جماعياً بحقيقة ما كان حيث لا يُحتَسب ماضياً، إنما يكون ذا أهلية بقاء، هنا وهناك، وأن في عملية التوحد الطقوسي صك اعتراف به، أما مفهوم «الفحش» فهو وصف للجاري، وليس لأن الذي يدخل فيه أفراد الجماعة الواحدة، ويُتنحى سفاح القربى جانباً، يعتبَر من الفحشاء، وإلا لما كان له

104

وجود، أي حيث يأتي العيد إيقاظاً لتلك اللحظة التاريخية أو المؤرشَف لها في الذاكرة الجمعية بطابعها الجنساني: اشتهاء الآخر، وهو الممنوع قبل كل ذلك، وتطبيقاً لـ»حقيقته» التي تفعل فعلها المؤثّر (ينتهي العيد بفحش ليلي وسط عربدة مجنونة تعجُّ بالصخب والحركة اللذين يتحولان إلى رقص موقّع بفعل القرع المنتظم لأكثر الآلات غلظة، حيث تميد الكتلة البشرية الجبّارة وتشرع، بحسب وصف شاهد عيان، تدك الأرض بأقدامها وتتموج وتدور مترجرجة حول سارية منصوبة في الوسط. إن حالة الهياج تُفصح عن نفسها بشتّى أنواع المظاهر التي لا تزيدها إلا احتداماً، من رماح تتكسّر فوق الدروع، وأناشيد حلقية ممعنة في التقطّع، ورقص قائم على الاهتزاز والاختلاط. في ظل هذه الأجواء ينشأ العنف تلقائياً، إذ تندلع المشاجرات بين الفينة والفينة فيتمّ الفصل بين المتشاجرين الذين تشيل بهم في الهواء جديلة، من دون أن تنفرط حلقة الرقص، وتروح ترجّحهم على نحو موقّع، موزون، ريثما يهدأ خاطرهم. كذلك يترك أزواج من الراقصين الحلبة ويمضون إلى الغابات القريبة حيث يتجامعون، ليعودوا من ثم إلى احتلال مواقعهم مجدداً في الدوّامة التي تتواصل حتى الصباح.. تعليقاً: نفهم الآن لماذا يبدو العيد، الذي يمثّل أوج الحياة وينسلخ كلياً عن انشغالات الحياة اليومية البسيطة، عالماً آخر للفرد الذي يشعر في أثنائه أنه مدعوم بقوىً تتخطاه وتنتقل به من حالة إلى حالة. ص 143).

وما يكون تعزيزاً لموقعه، وإشارة إلى تقدير مختلف لمفهوم الزمن والطقوس والجنس وموقعة الجسد، وأدوار الرجال في ذلك، ومنهم الذين يعلِنون توقيتاً كهذا (الواقع أن العيد غالباً ما يُعتبر زمن المقدس بامتياز، فيوم العيد، بل ومطلق يوم أحد عادي، هو يوم مكرّس للإلهي يُفرض فيه الامتناع عن العمل والانصراف إلى الراحة والمتعة وتسبيح الله. ص 144)

وما يجري وصفه بالسينمائي (لدى جماعة أخرى: في حمّى الرقص هذه وتحت جنح الظلام، يتنكر رجال العشيرة لروابط القربى، فيجامعون

نسوة ينتمي أزواجهن إلى العشيرة المكملة، أي نساء محرّمات عليهم بحكم انتمائهن إلى عشيرتيهم في الأصل... وكما في حال جماعات عمارة أولورو في قبيلة الوارّمونغا بطقس التنشئة، جلبت نساءها عند حلول المساء إلى جماعات عمارة كينغلي التي تكون قد أعدّت لها، كما ذكرنا، كل ترتيبات العيد، فيعاشر رجالها هؤلاء النسوة بغض النظر عن انتمائهن إلى عمارتهم. مثل هذه المعاشرات السّفاحية كانت، في الأيام العادية، تثير حالة من الهلع والتقزز، وتتسبب للجناة بأقسى العقوبات. لكنها في فترة العيد تغدو محلّلة، لا بل إلزامية. ص 167).

تلك لحظة تاريخية، ترتد بنا إلى ماضي جماعات معينة، لكنه ماضي مجتمعات أساساً، كما لو أن العيد يغذي ما ليس يخفى، أو يمكن مداراته إلا بإرضائه بالطريقة هذه، فيكون الجماع «المحظور» سابقاً جمعاً لاشتهاءات، في غفلة من قانون وضِع جانباً، حيث يتساوى الصخب، السَّكر، الظلام المسربل، تعبيراً عن أن اللذة لا تبصر طريقها إلا حين يُسلَسل لها القياد: أجساد تتبصر بعضها بعضاً في وضعية كهذه في لحمة استثنائية، وهي لحظة تنبّه إلى أن المسمى هنا ليس مجرد توصيفات لما كان، وإنما إضاءة لواقعة اجتماعية، وكذلك عضوية، وفي الوقت ذاته، تذكير بما يجري من هتك معتبَر لمحظور هنا وهناك، رغم صرامة العرف والقانون.

من جهة أخرى، ثمة علاقة قوية بين الدور التنفيسي و «التعريسي» الجماعي الذي يؤديه العيد، وما يكونه الضحك على مستوى رفع الكلفة، حيث اللغة بمراتبيتها ترتد من ناحيتها إلى الوراء، لأن الضحك إقامة في جسد يُسمّي وحدة نوعيه، فكأنه في حينه لحظة استعادة لوحدة ماضية، وما يمهّد له تاريخياً، كما لو أن الضحك ذاته استبشار بمقدم عيد، أو إيقاظ للرغبة المحرَّمة النائمة، والدخول في دنيوية منشودة بملذاتها المحرَّمة. بمعنى آخر، بتوصيف آخر، بصيغة أخرى (إن الضحك والمظهر المادي والجسدي، بصفته مبدأ مسقّل ومولّد،، كانا يلعبان واحداً من

الأدوار الأكثر أهمية في الجانب الذي يقع خارج ما هو ديني أو المحيط به في الأعياد، وخاصة الأعياد، ذات الطابع المحلي، التي استطاعت امتصاص بعض الأعياد الوثنية القديمة، والتي كانت تمثّل أحياناً بديلها المسيحي. تلكم هي أعياد التكريس في الكنائس «القداس الأول» وأعياد العرش. لقد كانت تتزامن عموماً مع المعارض المحلية وموكبها الكامل الخاص بالمسرّات الشعبية والعامة. كما كان يرافقها إفراط في الأكل وشرب الخمر) 19.

هنا نجد إن الإقبال على الطعام مفاتحة لما هو غريزي، يترافق مع الإقدام على طلب لذة ثمة ما هو غريزي أيضاً فيها، سوى أن تقنيناً أخضعه لسلطة متَّفق عليها. ولا بد أن مضي الباحث في عملية مكاشفة أصول هذه العلاقة التليدة ورعب المثار فيها، لا ينفصل عن سؤال الجنس وتاريخيته في مجتمعه بالذات، وخارجه، كما في تناول التالي ل»علاقة الأسطور بالسفاح»، وما كنا أشرنا إليه (ما كان سائداً بين سلالة الملوك: يتألف الثنائي الأولي من أخ وأخته، في أغلب الأحيان، تلك هي حال عدد كبير من القبائل الأوقيانية والأفريقية والأميركية، ففي مصر، كانت الإلهة نوت Nut، إلهة السماء، تأتي كل ليلة لتجامع أخاها جب Keb، إله الأرض. وكذلك في اليونان كان كرونوس Cronos وريّا Rhéa أخوين، ولئن لم يكن دوكاليون Deucalion وبيرّا Pyrrha، اللذان عمّرا العالم بعد أحد الطوفانات، هما أيضاً أخوين، فقد كانا من الأنسباء الذين تفصل بينهما قاعدة الزواج الخارجي. زد على ذلك أن السفاح هو من خصائص الخواء، حتى ليستتبع أحدهما الآخر. إن الخواء هو زمن العلاقات السفاحية الأسطورية، ومعلوم عن السفاح عادة أنه يُفجّر الكوارث الكونية. ص168)

وما يكون أسطورةً بالنسبة إلينا، ليست كذلك لأهليها ممن كانوا مكوّني مجتمع ذات يوم، وكأن التعبير عن الخواء إسهام له تأريخ من نوع آخر، ثقافي، لأنه مبتدَع هنا، كما في وصْله بالزمن ونوعيته، ليكون للسفاح

حضور دخيل، آني، أو وقتي، إرضاء ما، ثم الدخول في الزمن الآخر»القاعدة» وليس «الاستثناء». كما يمكن الربط والترابط (إن أساطير السفاح هي، أيضاً، أساطير خلق لما تنطوي عليه من شرح إجمالي لنشأة الجنس البشري. إن فضيلة الزواج المحظور، التي تميز الزمن الأعظم، تُضاف فيها إلى فضيلة الخصب الطبيعي التي ينطوي عليها الاتحاد الجنسي. ص169) وما يصلنا راهناً بما كان، في إشارة نابهة ووجيهة، حيث «حديثاً حلّت العطلة محل العيد...ص180».

العطلة بمفهومها السلبي، إخراج الجسد من مهامه التنظيمية أو المنظمة، وما في ذلك من نظام مجتمعي، أو سياسي، إلى خانة المعايشة الذاتية والفردية خلاف العيد، كما لو أن العطلة استحداث لاحق، وتصريف من نوع آخر للعيد إنما في وحدة الذات، إبعاداً لتلك اللحظة التاريخية (في العطلة، يذهب كلّ في سبيله، أما في العيد، فيلتقي الجميع في النقطة نفسها. تبدو العطلة- كما يدل عليها اسمها- فراغاً، أو، على الأقل، تباطؤاً في النشاط الاجتماعي، وخلوها هذا من كل طابع إيجابي يجعلها عاجزة عن إرضاء الفرد.. في العطلة يمعن المرء في اعتزال الجماعة بدلاً من أن يشاركها حيويتها المفرطة ويتحد معها في لحظة حبورها العارم. ص181).

وما يكون عائداً إلى المقارنة بينهما (العيد هو شريك الأساطير بصفته تلك الفورة الدورية التي تحقق المزج والانصهار في صميم المجتمعات البدائية. ص232).

ما يكون إضاءة أكثر لهذه العلاقة وما في ذلك من فراهة خيال وجموح الرؤية، وضخ شعري في بنية المسرود تاريخياً (من قد يزيّن لنا الظن أن بديل العيد هو العطلة، ولكن، سرعان ما يتبين لنا أن العطلة لا تعدل الولائم الشعبية القديمة، بل إنها، على نقيضها، لا تُحدث انقطاعاً ولا تحولاً ملموسين في سير الحياة الجماعية، كما إننا لا نشهد فيها احتشاد

الجموع بكثافة، بل تفرقها وتنائيها عن مراكز العمران من أجل الاستجمام في الضواحي المقفرة والأماكن غير المأهولة، والمناطق الأقل ازدحاماً. العطلة لا تمثل أزمة ولا ذروة ولا فترة نشاط زاخم ومشاركة قصوى، بل زمن تباطؤ واسترخاء. إنها فترة جمود في وتيرة النشاط العام. أخيراً، تعيد العطلة الفرد إلى ذاته، بتحريرها إياه من همومه وكدّه وإعفائه من واجباته المدنية.

إنها تُريحه وتعزله، في حين أن العيد يقتلعه من خصوصيته، من عالمه الشخصي والعائلي ليقذف به في تلك الدوّامة التي تضم حشداً غفيراً محموماً يؤكد وحدته وتماسكه بالجلبة والضوضاء، مستنفداً دفعة واحدة كل ما سبق ادخاره من قوىً وثروات. ص233). وما هو مخيف في عمليات جمعية، كما لو أن الحرب ذاتها عيد ما، لكنها العيد الذي يفجّر قوى، قد تكون هي ذاتها تلك التي أسهمت في «اللحظة التاريخية: الطقوسية تلك» وما في ذلك من هتك آخر للجسد أي تصفيته هذه المرة، حيث الحظْر يمارس مهامه الكبرى هنا، مبارِكاً ومحفّزاً وحتى مستزيداً من عنف كهذا في بعض حالاته، أي ما يمد في زمن العيد المنقلب حرباً طبعاً (إن الحرب لا تمجّد قتل العدو وحسب، بل كل ما تستنكره الأخلاقية الخاصة بالحياة المدنية وكل ما سبق أن حظره الأهل على الأولاد ونهى عنه الرأي العام والقانون والأشخاص البالغين من أعمال ومواقف. ص238).

كما هو التشبيه الجاري (القتل في الحرب، كالسفاح في العيد، عمل ذو وقع ديني. إنه، حسبما يزعمون، من نوع الذبيحة البشرية التي لا تعود بأي نفع مباشر. ذلك ما يجعل الوجدان الشعبي، تحديداً، يميّز بينه وبين القتل الإجرامي. ص239.).

كما هو التوصيف لخاصية الأعياد مرة أخرى وموقعها في الذاكرة العضوية للأفراد والجماعات، وكيفية النظر فيها (تشرّع الأعياد أبواب عالم الآلهة متيحة للإنسان التحوّل والارتقاء إلى حياة فوبشرية. إنها تشرف على

الزمن الأعظم، وبالتالي، تصلح لإرساء معالم زمن العمل، بحيث لا تُحصي الرزنامة بين حين وآخر سوى أيام جوفاء، مغفَلة، لا توجد إلا بنسبة موقعها من تواريخ الأعياد الأكثر دلالة. ص242).

ربما، في واقعة كهذه نتبصر أنفسنا أكثر، لقراءة أجسادنا باعتبارها أكثر من كونها لحماً ودماً، إنما سلاسل من الرغبات والشهوات التي تتداخل مع بعضها البعض، لكل من العرف التليد والمتحول، والقانون الزمني، فعله في التخطيط والفصل والوصل الحدوديين، حيث لا يعود الحديث عن «سفاح القربى» سردية كبرى لما كان، وإنما لا تزال قائمة، كما تباغتنا بواقعات لها، تفلت من المراقبة، ثم ينكشف أمرها، وحيث لا تخفى سلطتها أيضاً.

وأن نبحث فيما كان، فليس لأننا أبناء «هذا الزمان»: وأن أولئك الذين يعيشون «أعياداً» كهذه التي سبق ذكرها، لا يعني أنهم غرباء علينا، وأن ليس من صلة قرابة فيما بيننا، فالزمان ليس قطّاعات منفصلة عن بعضها البعض، إنما واحد واقعاً، وهذه بداهة، وإنما ما يبقينا يقظين إلى مدى استمرارية آثار بشرية جمعاء فيما نقول ونفعل، وإن لم نتنبَّه إلى ذلك، وما كان لكل ما تردَّد مثل هذا الحضور، إلا لأنه حاضر بفعل أثره، أو ما يعود إلى خاصيته رمزيته، وما نفاجَأ به من «خروقات» تنتمي إلى تلك «اللحظة» إنما تحدياً للقانون. ثمة تنبيه إذاً، وثمة إفصاح عن واقعة حية، متجددة باسمها المحرَّم، ومسلكيتها المعتَّم عليها، وهي حاضرة.

إن أخذ العلم بها، أو معرفة أن «سفاح القربى» ليس نزيل ما كان، وإنما يتنقل، ويغفل عن الزمان المراقِب، وينتقم من قانونه، بين الحين والآخر، تنوير لمعرفتنا، وليس افتتاناً، وهذا ما ينبغي علينا مراعاته بدقة.

إشارات

1. camille tarot: le symbolique et le sacré théories de la religion, Éditions La Découverte, Paris, 2008,p:,p:40

2. فرويد، سيغموند: مستقبل وهم، ترجمة: جورج طرابيشي، دار الطليعة، بيروت، ط4، 1998، ص 15.

3. المصدر نفسه، ص 30.

4. فرويد، سيغموند: الطوطم والتابو، ترجمة: بوعلي ياسين، دار الحوار، اللاذقية، ط1، 1983، ص 24. لاحقاً، يشار إلى رقم الصفحة في المتن للإيجاز.

5. يراجَع بحثي: صورة الحماة في مأثورنا اليومي، مجلة «الثقافة الشعبية» البحرين، العدد 13، 2011.

6. البار، د. محمد علي: زواج الأقارب والمحارم عند الأمم، /www.eajaz.org index.php.

بصدد العلاقة المعقدة مع «سفاح القربى» وعدم قابلية ضبطها، كونها تتوقف على المعني بها، وهو مستور، أو لا يمكن تتبع كل أنشطته، وهو ما يجعل الطبيعة أكثر من كونها فاعلة فيه، وأن الثقافة ليست وحدها المسؤولة عن رسم فاصل بينه وبين قائمة الملذات التي يحصّلها من متعة سفاح القربى، أحيل مجدداً إلى ما أشار إليه أمبرتو إيكو، في كتابه: أمبرتو إيكو: دروس في الأخلاق، المصدر المذكور، حيث إنه يشير إلى حجة التابو لدى الروائي والكاتب ومواطنه الإيطالي ألبرتو مورافيا، وقد اقترح حلاً لمشكلته يقول (بما أن الإنسانية بلورت لمدة طويلة تابو زنا المحارم بعد أن تأكد لها بأن زواج الأقارب يعطي تابو نتائج سلبية، فإننا قدنكون أمام النتيجة نفسها حيث بدأت الإنسانية تحس بالحاجة الغريزية لتحريم الحرب. وقد أجابوه بواقعية، بأن التابو لا «يُعلَن عنه» من خلال قرار أخلاقي أو فكري،

بل يتشكل ضمن سيرورة طويلة جداً ويتبلور في المناطق المظلمة للوعي الجمعي «وللأسباب ذاتها التي تجعل من شبكة عصبية قادرة على الوصول وحدها إلى وضعية توازن». بالتأكيد فالتابو لا يتخذ بقرار، إنه نتيجة ذاتية. ولكن هناك تسريع لإيقاع زمن النمو. فمن أجل التيقن أن الارتباط بالأم أو بالأخت يقود إلى غياب التبادل بين الجماعات، كنا في حاجة إلى عشرات الآلاف من السنين- وفي جميع الحالات، تطلب ذلك زمناً طويلاً قبل أن تحدد الإنسانية رابطاً سببياً بين الممارسة الجنسية والحمل. ص40). إنهما موقفان يضيئان إحداثية جسدانية- جنسانية واحدة حقاً، ولكنها ليست واحدة، في التوصيف، فكيف لو أحصينا مواقف الآخرين، ممن لهم إسهام مباشر في مقاربة هذا الذي يتنفسنا بصيغ شتى؟

7. ينظَر حول ذلك، كتابي: أقنعة المجتمع الدمائية، منشورات دار الحوار، اللاذقية، ط1، 2001: الأقنعة الدمائية وقرابة الدم، صص85-44.
8. ينظَر حول نظرية فرويد في «الطوطم والتابو» كتاب: الثقافة ومشكلة الطبيعة الإنسانية في الفلسفة «جان جاك روسو وسيغموند فرويد» لبوصوار نجمة، أطروحة دكتوراه علوم في الفلسفة، جامعة زهران، 2016-2017، صص 235-225.
9. La prohibition de l›inceste, www.philo52.com.
10. La prohibition de l’inceste par Lévi-Strauss, www.skol-r.net.
11. La prohibition de l›inceste, Entretien Jean José Marchand, avec Claude Lévi-Strauss, entretiens.ina.fr.
12. رولاند، نوربار: سفاح القربى في الدّراسات الأنثروبولوجيّة، موقع الأوان، 8 كانون الأول 2013.
13. أبو جودة، أحمد: نظرية القرابة عند كلود ليفي شتراوس، www.facebook.com، 19 آذار 2015.

14. غودولييه، موريس: جماعة، مجتمع، ثقافة مفاتيح ثلاثة لفهم الهويات المتصارعة، ترجمة: زهرة جابر، مراجعة: سعود المولى، omran. dohainstitute.org.

15. Les cinq leçons de parenté de Maurice Godelier de Nicolas JOURNET, www.scienceshumaines.com, Janvier 2005.

16. جيرار، رينيه: العنف والمقدس، المصدر المذكور، ص 52. لاحقاً، سوف تردُ أرقام صفحات الكتاب في المتن، من باب الإيجاز.

17. كايوا، روجيه: الإنسان والمقدّس، ترجمة: سميرة ريشا، مراجعة: د. جورج سليمان، منشورات المنظمة العربية للترجمة، بيروت، ط1، 2010، وحيث تردُ أرقام صفحات الكتاب في المتن لاحقاً من باب الإيجاز.

18. يذكر كليفورد هوارد، في كتابه: عبادة القضيب.. المصدر المذكور، أمثلة من نصوص دينية «عبرية، مثلاً» (في قصة ابنتي لوط اللتين ارتكبتا سفاح القربى مع أبيهما، في سفر «التكوين».. ص30، ومع ثامار في سفر التكوين، حيث خدعت عمها، يهوذا، بلفّ نفسها بالبرقع حسب طريقة نساء المعبد، وجلوسها أمام باب عينايئم، حيث رآها يهوذا ودخل بها....كانت العاهرة العادية منبوذة عند العبرانيين، وكانت مفضوحة بثوبها الدعيّ وتصرفها الوقح، ولم يكن من العادي للنساء بهذه الشخصية أن تهرول إلى الرجال وتقبّلهم علناً. ص111).

19. باختين، ميخائيل: أعمال فرانسوا رابليه والثقافة الشعبية في العصر الوسيط وإبان عصر النهضة، ترجمة وتقديم: شكير نصر الدين، منشورات الجمل، بغداد- بيروت 2015، ص 112.

للتوسع حول ذلك، ينظَر في كتابي: تراجيديا الضحك، دار الحوار، اللاذقية، ط1، 2017، بدءاً من المقدمة، ص 9 ، و «الضحك الشعبي بين رابليه وباختين» في الكتاب نفسه، صص « 284-279».

الفصل الثاني

علَمان ذائعا الصيت في سفاح القربى،

المركيز دو ساد وجورج باتاي

«إذاً، وكما قلت لِي بأنهم يرغبون في أن يعيدوا حريتي، إذا كنت مستعداً أن أدفع من أجل ذلك مبادئي وميولي. سيكون وداعاً بيننا، دون أن أفترق عن أي منها. سأضحّي بألف حياة، سأضحي بألف حرية إذا ما قدر لي أن أحتفظ بها. أنا متعصب لا أحيد قيد شعرة عن تلك الميول والمعتقدات، وتعصبي هذا نتاج كل الاضطهادات التي تحملتها من مضطهدي أكثر فأكثر يستمرون في تكديري، أعمق فأعمق تترسخ جذور تلك المعتقدات في قلبي. وأنا أعلن صراحة بأنه ليس هناك جدوى بأن يحدثني أحد عن الحرّية إذا ما عرضت على مقابل تدمير معتقداتي».

من رسالة المركيز دو ساد المؤرخة 1782، إلى زوجته التي تطالبه بأن يتخلى عن تصرفات فكره وأن يخفف من مواقفه علّه يحصل على العفو ويطلق صراحه.

«الإنسان حيوانٌ ممنوع إزاء الموت والإيروسيّة؛ منعه العمل/ المجتمع من القتل والاتّصال الجنسيّ. وهذه الموانع تقلّ أو تزيد وَفْق

الأمكنة والأزمنة. بيد أنّ الشعوب كلّها تُخفي منظر العضو الذكريّ في حالة الانتصاب، وغالباً ما ينسحب الرجل والمرأة إلى خلوةٍ لممارسة الجماع، ويطرح العري في الحضارات كلّها أسئلةً حرجة. أمّا سفاح القربى فملفوظٌ وممجوج».

شذرة من إيروسيات جورج باتاي

عن رايتيّ الفضيلة المنكّستين:

لماذا كان لكل من المركيز دو ساد وجورج باتاي الفرنسيين هذا الحضور المتأخر عن الذين توقفنا عندهم، وليس أن يتقدماهم؟ هل من مغزى لهذا التأخير، ومن أي جنس اعتباري، أو صفة فكرية يا تُرى؟

بيننا وبين رحيل المركيز دو ساد « 1740-1814»، قرنان ونيّف، وبيننا وبين جورج باتاي «1897-1962»، أكثر من نصف قرن، وحيث يفصل بين رحيل الأول وولادة الثاني أكثر من ثلاثة أرباع القرن. فما الذي يوحدهما فكرياً؟

لا شيء يوحدهما فكرياً بالمعنى الحرفي للتوحد، أو ما يعنيه التطابق من توحد نسخي، سوى أنهما من حيث الرؤية إلى العالم، والثقافة التي سادت مجتمعهما، كانا من بين، وربما من أهم رموز العصيان الفكري والقيمي في مجتمعهما.

ما يصل بينهما هو الفسق، الفجور، التهتك، الخلاعة، الانحلال الخلقي، الشذوذ...إلخ، وهي كلمات تتداخل فيما بينها، سوى أنها من حيث المكان تشهد تاريخياً على أن الذي جاءا به، قد أدخلهما تاريخاً مديداً ومن أوسع أبوابه.

علينا في الحالة هذه، ألا نأخذ بهذه الكلمات بوصفها متضمنة معان، كما هي متداولة في أوساطنا الاجتماعية، وعلى مستوى أكثر الكتاب تميزاً بالحداثة وما بعدها أحياناً، حيث يصعب عليهم التجاوب مع ما عرِفا به في كتاباتهما

حتى الأمس القريب، ما كان في مقدور أي كاتب أن يتحدث ولو بهمس عن أي منهما، خصوصاً الأول، إذ إن «فجوره» من العيار الثقيل، وأسلوب كتابته الصادم، يصعب، وربما يستحيل على أي كان الاندماج به لعنف المباشَر فيه.

حديثاً، يمكن لأي قارئ العثور على أمثلة شتى، لكتاباتهما، حتى الأكثر تميزاً بالفجور، كما يُسمى «أيام سدوم المائة والعشرون» لدو ساد. علام تدل هذه الفورة النشرية والترجمية عربياً؟ هل من مجابهة لهذا الضغط الأصولي، بأكثر من معنى، والذي بات يتهدد الحد الأدنى من حرية التفكير، وخراب العالم، وجرّاء كثرة مواقع النشر ومطابعه خارجاً؟

فضَّلت إرجاء هذين العلَمين رمزي «الفجور» إلى هذا الفصل، والمخصص باسمهما، ليس تجاوباً معهما، إنما تأكيداً على وجود اختلاف يصل إلى أوج المغايرة، والتحدي اللافت لكل محاولات التهديد والوعيد أو الإيذاء في المقابل، ومن ناحية أخرى، ليكون في مقدور الباحث أو قارئ النص المقارنة بين المثار في الحالتين، وأوجه تغيُّر سفاح القربى.

أنوّه بداية، إلى خبر منشور حديثاً عن أكثر كتب دو ساد تميزاً بـ «الخلاعة» أورده بكامله، لأهميته:

(اعترفت فرنسا بعد أكثر من قرنين من الزمان بأن رواية الأرستقراطي الفرنسي الماركيز ألفونس فرانسوا دو ساد «أيام سدوم المائة والعشرون أو مدرسة الفجور»؛ «ثروة قومية».

وجاء قرار الحكومة الفرنسية قبل يوم فقط من عرض المخطوطة للبيع في مزاد علني في باريس، ما يعني أن هذه الوثيقة التي هي من أقدم أعمال دو ساد الخيالية، لا يجوز إخراجها من البلاد لمدة 30 شهراً على الأقل. وخلال تلك الفترة، كما يقول مسؤولون مشاركون في عملية البيع والقرار الحكومي، من المتوقع أن تقوم الدولة بجمع الأموال اللازمة لشرائها بأسعار دولية.

وقال خبير مخطوطات القرن الثامن عشر فريدريك كاستاينغ إن رواية دو ساد، التي كتبت على لفافة طولها 90 سنتيمتراً وعرضها 10 سنتيمترات فقط، «وثيقة أدبية هامة لتاريخ الأدب الفرنسي».

وقالت وزارة الثقافة الفرنسية إن المخطوطة في حالة «ممتازة»، نظرا لظروف السجن التي كتبت فيها والرحلة الاستثنائية التي قطعتها عبر أياد مختلفة، وأشارت أيضاً إلى الشهرة الواسعة لهذا العمل وتأثيره على عدد من كتاب القرن العشرين الفرنسيين.

وكان من المتوقع أن يصل ثمن المخطوطة في مزاد اليوم إلى ستة ملايين يورو، كجزء من بيع مخطوطات تاريخية لشركة استثمار فرنسية اتهم مؤسسها العام الماضي بتدبير أكبر عملية احتيال فنية في العالم. وقد أفلست الشركة في عام 2015 بعد شراء أكثر من مائة ألف مخطوطة

تجدر الإشارة إلى أن الرواية المذكورة من أبرز روايات دو ساد وأكثرها إثارة للنفور، وهي تروي قصة أربعة أشخاص -دوق وأسقف ومصرفي وقاض- يسجنون 42 شخصاً في قلعة ويجرون عليهم طرقاً شتى من التعذيب الجنسي.)1.

لا بد أنه خبر، وفي غاية الغرابة، يخص نزيل سجن الباستيل، والمعرَّض لصنوف الإهانات، والملاحق، والمتَّهم بالمجون ومرادفاته المختلفة، والمنتهي مجنوناً، ومنبوذاً من وسطه. لا بد أن الساعي إلى الربط بين المشهدين، أن يتساءل عن الحقيقة العائدة إلى فنون المعرفة المختلفة، وأي كلمة يمكن لها أن تنال شرف الدخول في الأبدية، وأن تؤمم على قائلها، أو كاتبها خلوداً دنيوياً، وربما أكثر من ذلك، على وقْع هذا الانشغال بها، والمكابدة باسمها، وكيف يصبح للشرف بعد آخر. كيف لكتاب خلاعي، كما يسمى، وكما كتب على ظهر الكتاب «أيام سدوم...» والمترجم إلى العربية، أي أسفل العنوان «مدرسة الخلاعة»، أن يكتسب هذه الصفة المهيبة «ثروة قومية»، ويُتسابق على اقتناء نسخة الرواية الأصلية؟!

في مستهل رواية دو ساد الآنف الذكر، ثمة عدة أسطر تشكّل ما يشبه بطاقة التعريف بمحتوى فكره وشخصيته الفكرية: (ومع ذلك، وبعد أن تحدثت كثيراً، وبتواضع جم، على كل متدين أن يضع فوراً كتابي جانباً إن لم يكن مخطئاً، إذ من الواضح، أنه لا توجد هناك حشمة في مشروعنا، ونحن نجرؤ على القول إننا نتحمل مسؤولية تنفيذه سلفاً)2.

مستهل الرواية يحدد مضمون الرواية المنتظر، وفي الوقت نفسه، يتجاوب مع العنوان مباشرة، حيث إن الأخير يستدعي ما جرى لكل من «سدوم- عمورة» من خسف، كما ورد ذكرهما في التوراة، بسبب مفاسد أهلهما، وفي نطاق الشذوذ، أو اللواط/ سادوم، كما لو أن دو ساد يستدعي ما كان، ويسائل حقيقة ما جرى وقتذاك، معرّياً وضعاً يخص مجتمعه، وكيف كانت الفضائل تمارَس فيه، كيف كان يتم «هتك» الحرمات، وباسم الفضيلة بالذات، ومن جهة أخرى، ثمة تداخل بين «سادوم» والاسم «دوساد» لكأني به كان يستهدف بطريقته في العنونة ما يهز القناعات الإيمانية المزيفة في عهده. أن يمضي بمتخيله، بروحه خلاف ما يظنه الآخرون فيه، إلى ما وراء الاسم، الكلمة، الأسلوب، حيث إن وضوح المعنى في الكتابة، قد يُراد من خلاله إيقاظ أكبر نسبة سكّانية، للنظر فيما كان يجري، وهو يتحمل العذاب ضحية تسمية الخلل.

لاحقاً، ينبئ السطر الأول من الرواية بما يصدم، وبما يبعث على الدوران والمساءلة كذلك، وهو ليس مجرد إخبار عن واقعة (كانت الحروب الواسعة، التي قادها لويس الرابع عشر، مرهقة في عهده. ص 7)

تالياً، ما يباشر التعرية (إنه لمن الخطأ أن يتصور المرء أن النذالة هي سلوك بعض الناس الذين ينصرفون إلى الغش والخداع فقط، بل يمكنها أن تكون مسيطِرة على رؤوس كبار النبلاء أيضاً. ص 7).

بالطريقة هذه، يكون التمهيد للفجور الذي ينخرط دو ساد في وصفه ونقل مكوناته إلى القرطاس، وما يثيره من قرف حقاً.

ثمة دقة مستغرَقة في الانتهاكات، ودون حدود (وفي سن الثالثة والعشرين، كان هو وثلاثة من رفاقه الذين آمنوا بفلسفته، منغمسين في الرذيلة. ص 17).

ليس هناك مجال لتغطية كل ما في الرواية من مشاهد تمثّل الفجور والفسق، من نوع:

(فصرخ الأب الفاسق، حين انكشفت ابنته عارية تماماً.

-يا لها من مؤخرة جميلة، آوه، يا يسوع ما هذان الردفان الرائعان!

فقلت له:

-آه! ماذا، أهي المرة الأولى التي ترى فيها هذين الردفين؟

أجابني:

-نعم، حقاً، لقد قمت بهذه الحيلة للاستمتاع بهذا المشهد، ولكنها المرة الأولى التي أرى فيها «هذين» الردفين الجميلين، وأؤكد لك بأنها لن تكون الأخيرة. ص 406).

ساد لا يقيم للأخلاق وزناً بالتأكيد، لا يمنح الحرمات أي اعتبار، ليس من حدود معينة بينه وبين أكثر الرغبات انحطاطاً، ليس في أرشيف كلماته اليومية، مجرد كلمة واحدة، تبقيه على تماس مع وسطه. إنه الانهيار الكامل، والضعة القصوى!

إنما، إلى ماذا ترتد هذه الكلمات، المشاهد، والتصورات البالغة البذاءة؟ إنها لا تترجم سلوكه، إنما سلوك مجتمعه، ومن يمثّلونه باعتبارهم «علية» القوم، سادة المجتمع، أو من يسمّيهم بالنبلاء. هنا، من حق قارئه، والمتابع لتاريخ مجتمعه، أن يطرح سؤاله المرتقب: فإذاً، باسم من يمكن أن تثمّن الأخلاق، وأي نوع من الأخلاق، يستحق شرف التسمية، في الوقت الذي ينغمس المعنيون بشؤونه في مختلف أنواع الغي والفساد والفسق والفجور، فلا يعود سفاح القربى بذي قيمة أبداً؟

لقد تلمست في مقال «السفاح والكتابة عند ساد» للفرنسي بياترس ديديه، الكثير مما يوضح هذه النقطة: الهاوية، أي ما يصل السّفاح بالكتابة، أو بالعكس، كما لو أن المقروء يجسد السيرة الذاتية لسفاح مهتوك، ممثّل فيه في العمق:

(لا شك أنّ جريمة السفاح، من بين كلّ جرائم العشق في أعمال ساد الروائية، تحتلّ مكانة مميزة. فالعقدة التراجيدية «لدورجفل» (Dorgeville) تكشف عن نفسها عبر الجملة الوحيدة التالية: «حسناً، يا «دورجفل»، لتقر أنّك تتعرّف على أختك المجرمة من خلال زوجتك السيئة الحظ هذه»! أمّا في رواية «فلورفيل» (Florville) و «كورفال» (Corval)، فيطال الموضوع ذروة تعقيده؛ كذلك نشعر ضمن أي فرح يسمح الروائي-الخالق (romancier -démiurge)، قبيل الخاتمة، بالكشف عن تعدّديّة العلاقات والجرائم المشدودة في عقدة واحدة: «لتعترف بي، يا «سنفال» (Senneval)، لتعترف في آن معاً بأختك، تلك التي أغوتك في مدينة «نانسي» (Nancy)، قاتلة ولدك، وزوجة والدك، والكائن الشنيع الذي قاد أمك إلى المشنقة». على العكس من ذلك، تمثل رواية «يوجيني دو فرانفل» (Eugenie de Franval) الحدّ القصي من البساطة؛ غير أنّ تلك الوحدة ليست فاعلة إلاّ من حول انفعال واحد (seule passion)، متطرّف، وتم إعداده منذ وقت بعيد لكي يكون ناضجاً: عشق الأب لابنته الفتية تماماً.

في نفس المرحلة، يؤلف ساد «مائة وعشرون يوماً» (cent vingt journées) حيث يتخيل جماعة من الخُلعاء المتحدين عبر شبكة علاقات سفاحية (incestueux): «منذ أكثر من ستة أعوام كان هؤلاء الفساق الأربعة المُتطابقون بثرائهم وذوقهم، يتخيّلون تقوية علائقهم أكثر عن طريق التحالفات التي يحتلُّ فيها الفجور موقعاً أكبر من أيّ دافع آخر، أي الدوافع

التي تُؤسس عليها عادة العلاقات». وفي رواية «فلسفة الصالون الصغير " (la philosophie dans le boudoir)، تنفجر «يوجيني»: «ها أنا إذاً سفاحة، خائنة لزوجها، وممحونة في آن معاً!».

إلى جانب هذه الممارسة السفاحية بين الشخوص الأكثر دلالة في العالم الساديّ، تُضاف، كبطانة للفعل، نظرية (une théorie). في «يوجيني فرانفل»، يستدعي الأب التقاليد القديمة، ولأنّ محاوره هو بدقة قسّ، لذا يشير إلى الإنجيل وقصة لوط (l'histoire de Loth). وفي «لتبذلوا، أيها الفرنسيون جهداً أكبر، إذا ما أردتم أن تكونوا جمهوريين» (Français encore un effort si vous voulez être républicains)، يشرعُ ساد بتبرير سياسة السفاح (politique de l'inceste «هل إنّ السفاح خطير؟ كلاّ، لا، أبداً، إنه يوسع العلاقات العائلية وبالتالي يجعل حب المواطنين للوطن أكثر فاعلية». بعد ذلك، يُطرح ما لا حصر له من الأمثلة، التي يلجأ إليها ساد عبر مناقبية تاريخية وجغرافية، لكي ينتهي بالقول بأنّ السفاح نتيجة مباشرة لـ «التجمع النسويّ» الذي ينبغي تأسيسه في الجمهورية الحقيقية.

يمكننا الإشارة إلى تقاليد فلسفية وأدبية معاً. لكن كلّ تلك الحجج، وهذه الأمثلة، كان ساد قد أخذها من العلم التاريخي (science historique) الذي ورثه عن «فلاسفة» عصر الأنوار، وكذلك من حكايات الرحالة، كـ شاردا (Chardin) أو بوغانفيل (Bougainville). كما كان السفاح موضة في العالم الرومانسي، ومن ثم امتدت تلك التقليعة حتى فجر القرن التاسع عشر، لكي تصل إلى سرد قصص العشق المحرمة عند رينيه (René)..

ورغم ذلك، نشعر بإصرار وعنف ساد، ما إن يتناول هذا الموضوع، حيث لا يبقى «للمصادر» و «التأثيرات» من فاعلية تُذكر. نحن نجد أنفسنا أمام أحد الدوافع الجذرية للمخيلة (imagination)، للفلسفة وللرغبة

السادية. لا شك أنّه من الصعب تماماً، والعبثي حتى، رؤية ما هي الحوادث البيوغرافية التي تمكنت من تحريك تلك الرغبة. كذلك نجهل إلى حد بعيد طفولة كتّاب تلك المرحلة، لكن ربما نجد أنفسنا، مع بيار كلوسفسكي (P. Klossowski) في كتابه «مع ساد»، أمام عقدة أوديبية (complexe oedipien)، غير مُحدّدة، بيد أنّ هناك عدداً كبيراً من العصابين، الذين يكبحون لديهم رغبة السفاح، التي يشرع منها قلق الإخصاء (angoisse de la castration)، وذلك لأنهم نادمون على رغبتهم بالتضحية بالأب لصالح تلك الأيقونة المُزيفة، الأم»(1). نحن نلاحظ، في الحقيقة، الدور الفقير تماماً للأم في أغلب حالات السفاح السادية. أمّا الحادث السفاحي الآخر لـ دو ساد، فهو متأخر وعديم الضرر نسبياً: يتعلق الأمر بخطفه لأخت زوجته «آن-بروسبير دو لوني» (Anne-prospère de Launay) الراهبة. غير أنّ هذه الشخصية المنقولة عن السفاح الأخويّ (inceste sororal) ما هي إلاّ شخصية ثانوية.

لا تتمتع، دون شك، كلّ أشكال السفاح بذات الأهمية. فعلاقة الأم-الابن مُنحطّة على الإطلاق، لكن علاقة الأب-البنت مُثيرة. كما تتضمن هذه العلاقة، كشيء ملازم، على التضحية بالأم. في «يوجيني دو فرانفال» تكون تلك التضحية، في البدء، مجرد تضحية سيكولوجية: تتألّم السيدة «فرانفل»؛ لكن بعد ذلك مباشرة، لا بدّ من الوصول إلى القتل، بالسم الذي يُكلّف الأب ابنته بتحضيره... غير أنّ أشكال السفاح الأخرى ما بين الأخوة والأخوات، لا تتمتع بذلك البهاء المُقتصر على علاقة الأب بابنته.

وهكذا يصبح الأب مالكاً مزدوجاً (doublement possesseur)، فإلى جانب حقوقه التقليدية حيال ابنته الصغرى، يُضاف حق العاشق. ليس هناك إذاً من حدود لإرادة القوة (volonté de puissance) بالإضافة إلى تلك القوة التي تنطوي عليها طبيعة العلاقة، يحلو لـ ساد منح أبطاله كل أشكال السلطة (formes du pouvoir). وفي مقدمتها الثراء.

تكمن المتعة الجوهرية للأب في عثوره على صورته الشخصية المُنعكسة عبر ابنته، لكنه انعكاس مختلف إلى حد ما، ولا يمكن التحكم فيه. حينئذ، تصبح المتعة مضاعفة، متعة السيد والعبد المختلطتين في آن معاً في غبطة واحدة.

(Sade écrivain) بالقدر الذي يكون فيه ممنوعاً من أية علاقة بالعالم الخارجي، يرفض الزوج السفاحي (couple incestueux) أيضاً نقل تلك العلاقة إلى مكان آخر، أو نحو الخارج. لكن، في الوقت الذي يكون فيه الحبس (claustration) مؤلماً، يكتفي ساد بتخيل عزلة السفاح وكأنها ذروة السعادة.

كذلك يتمتع رفض يوجيني الزواج بشخص من خارج العائلة (exogamie) بخصوصيته. إنه يتموضع في صميم مصادر التحريم، وتابو السفاح، إذا ما سلمنا بما يقوله ليفي شتراوس من أنّه ينبغي علينا البحث عن أصل التحريم ضمن نفس حركة التبادل العامة (mouvement général d'échange) التي يحصل منها المجتمع على حياته الخاصة: إنّ الجماعة التي يُحرمَ في صميمها الزواج توحي فوراً بفكرة مجموعة أخرى.

يرى البعض الآخر في السفاح السادي شكلاً من أشكال الأُحادية (manichéisme) أمّا الشرّ، فستتم مماثلته مع الخارج. السفاح إذاً، بالتقارب، وسيلة ناجزة لتبني نقاوة مطلقة (pureté absolue).

ولأنّ السفاح يُشترك مع صورة الحبس (claustration)، بذات القدر الذي يشترك فيه لأسباب اجتماعية، لذا سيفتح لعبة بكاملها تدور من حول السر . (secret)

في رواية «يوجني دو فرانفال»، كما في رواية «سنسي» لستندال، لم يعد السفاح شيئاً مُخجلاً، وكأنه مفروض من قبل حتمية ما (fatalité)، وإنما يُفتخر به، وواعٍ، برفقة التلصص (voyeurisme)،

وتعثر فيه الإيروسية (érotisme) على مكانتها، بل ويطالب بإلغاء كلّ مبدأ أخلاقي اجتماعي.

ذلك لأن السفاح لدى ساد هو، في النهاية، شكل من أكثر أشكال النفي فاعلية (plus efficaces de la négation). أولاً، لأن التابو متجذر، عند هذه النقطة، حداً لم يدفع ساد على فقدان أي شيء من عنفه، قوته -وما علينا للتأكد من ذلك سوى الرجوع إلى المساجلة من حول «نفحة في القلب« (souffle au cœur) ومن ثم، لأن السفاح يَسمحُ، بحكم أصول التحريم ذاتها، بالتنكر، في آن معاً، للنظام الاجتماعي والنظام الديني. لذا كان على الاحتجاج الجوهري، الذي لا يقبل أي تنازل لدى ساد، بحكم ضرورة ما (sorte de nécessité)، الاحتفاظ بمكانة متميزة للسفاح.

كسلاح معركة، يرد هيجان السفاح إذاً على الدوافع الجذرية (pulsions fondamentales) لدى ساد؛ إنه التعبير المطلق والناجز عن عالم الحبس، عن ذلك الغلق، والسجن الذي سيصبح فوراً بالنسبة إلى ساد أكثر من عقبة أمام وجوده حتى (même de son existence): الشكل الجوهري لعالمه. فالسفاح لا يحتل مكانة كهذه في العالم السادي إلاّ لأنه، بالضرورة، شكل من أشكال الكتابة (figure de l'écriture)، على الأقل بالطريقة التي يمارسها ساد. ضمن هذين المسارين، نعثر على نفس نقطة الانطلاق: إن إرادة كسر التابو تلك؛ -في القول، وخاصة في الكتابة، أي عندما يطلب من المرء عدم قول ذلك، وخاصة عدم كتابته، يعني بأنّ الكاتب يواجه منعاً، وهو يعرف جيداً، كما يعرف شخوصه عبر السفاح، أنه يضع على المحك كل المنظومة الاجتماعية، ومدونة الإشارات (code des signes) برمتها.

حينئذ، سيعرف الكاتب حبس الفاسق. ذلك لأن ساد قد سُجنَ، لا سيما بعد وضع الميثاق (Concordat)، بسبب كتاباته وليس على أفعاله(3

لقد رحل ساد «الشقي» منذ أكثر من مائتي عام، ومات الذين اتهموه، مات الذين كانوا يتسقطون أخباره، ومن أرادوا التخلص منه، مات سجانوه وجلادوه، مات قضاته ورافعو الدعاوى عليه. إلا أن شيئاً واحداً لم يمت، إنها الكتابة ذاتها، وهنا تكمن خطورة الموضوع، ها هي الكتابة وحدها تؤرشف، أو تؤبد لتلك اللحظات من التاريخ تبعاً لمتخيل الكاتب. دو ساد لا يمارس انتقاماً، لأنه لا يمتهن صنعة المؤرخ، إنما يستعين بروائي على طريقته، إنه ذاك الذي كان يلازمه روحياً، وأفلح في نقل مأثرة مشاهداته، وكيف بنى في داخل/ متون كتاباته أكثر من باستيل عصي على الانهيار والزوال، ما بقيت الدنيا، وهي الرؤية العبقرية لعملية الكتابة التي تنفتح بأرواحها السبع للمستجدات، لخاصيات الصهر الكبرى، بالنسبة إلى مكونات المادة الروائية، وما تتطلبه من جرأة ومن تمالك نفْس، كما هو شأن اسمه، كيفية الانشغال بكل نصوصه، والنبش فيما لم ينشَر بعد، وكل ما ينير ساحته، تأكيداً على أن الكتاب في المقابل قادرون على صنع تواريخهم الخاصة، تواريخ حيّة، وبليغة في معطياتها الرمزية، وأن البحث في سفاح المحارم، حيث نحّيت حدود الحرمات كاملة، جرّاء النخر القاعدي فيها، فكانت أسماؤه إيذاناً- ربما- بدورة حياة جديدة، وفضيلة جديدة من نوعها

إن أشد المعجبين به، والشديد الأثر في أجيال من بعده: جورج باتاي، لم يدّخر جهداً في الإفصاح عن فضيلة الأثر العاصي هذه:

(وسط هذه الملحمة الملوكيّة نرى رأساً عاصفاً يومض، صدراً ثقيلاً يعبر مع البرق، الرجل القضيب، لمحة مهيبة ساخرة تلوي قسماته مثل تيتان شبحيّ سامٍ؛ نحسّ برِجفة المطلق في الصفحات الملعونة، بأنفاس المثال العاصف بين هاتَين الشفتَين الحارقتَين. ادنُ قريباً فستسمع شرايين روح كلية، أوردةً متورّمة بدم قدسيّ تنبض في جثّة نازفة موحلة. مثل هذه البالوعة منقوعة في لازَوَرديّ، ثمة عنصرٌ نظيرُ إلهيّ بهذه المراحيض. شُكّ أذنكَ عن قعقعة الحِراب وقصف المدافع؛ حوِّل عينكَ عن هذا المدّ الجوّال

من الحرب، من الانتصارات أو الهزائم؛ فقد ترى شبحاً هائلاً ينفجرُ أمام الظلال؛ قد ترى قامةً رحبةً مشؤومة للماركيز دو ساد وهو يتبدّى فوق دهرٍ مخيطٍ بالنجوم.

لماذا زوّدتنا فترة الثورة بأمجادٍ من الفنون وعالمٍ من الرسائل؟ عنفٌ مسلّح منسجم بصعوبة مع ثراء الميدان الذي نستمتع به وقت السلام. تُبدي الصحفُ مصيرَ الإنسان بكلّ ما فيه من ذعر. هي البلدة نفسها، لا أبطال المآسي والروايات، تهب العقل رجفة مما تزوّدنا به من شخوص خيالية. أي رؤية فورية للحياة بائسة بالمقارنة مع تلك التي يفصّلها المؤرّخ بذكرياته وفنونه. لكن لو طبّقنا الشيء ذاته على الحبّ، الذي تقع حقيقته الجلية في الذكريات [كثيرة هي غراميات الأبطال الخرافيين، تبدو لنا عادةً حقيقيةً أكثر ممّا لدينا]، أَمِن الحقّ القول إن لحظة الحريق، حين يتكشّف منقوصاً بوعينا البليد، تستغرقنا كلياً؟ زمان التمرّد غير مرغوب فيه أساساً مع تطوّر الفنون. من اللمحة الأولى نرى الثورة فترة مجدبة في الأدب الفرنسيّ. ثمة استثناء واحد قد نقدّمه، لكنه يتعلّق برجل غير معتَرَف به - كان، وهو حيٌّ، ذا شمعة، لكنها شمعة سيئة: حالة ساد، فهو استثنائيّ جداً، يبدو أننا نؤكّد هذا الجدب بدلاً من إنكار)4.

ما يقوم به ساد يشكل مواجهة للعالم المنغلق على الكراهية التي تحركه قبل أي شيء آخر، وهذا ما يمكن اعتماده، كنقطة ارتكاز لمكاشفة النفس المحطمة، أو الجاري تهشيمها، أو الإبقاء عليها وهي تعاني من وعي الآخر، المستبد الذي لا ينفك يهينها في كينونتها، وربما دون ذلك لا يمكن تفهُّم كل هذا الاحتقار الذي يمثّله حرفه للعالم من حوله.

ومن هذا المدخل يمكن الانتقال إلى توأمه العنيد والمعاند، بأكثر من معنى: جورج باتاي، ربما كانت معايشته لفساد عالمه، وهل هناك ما هو أسوأ من الحربين العالميتين، والدمار المادي والمعنوي الذي خلَّفتاه في البشرية، وفي المجتمعات التي اندلعت فيها ومنها، وأتت على بنيتها

التحتية، وقبل كل شيء: أهلها؟ في ضوء ذلك، هل يُنتظَر من باتاي المعذّب في طفولته وتالياً، أن يكتب مديحاً في مناقب الإمبريالية بمعناها التعسفي الانتهاكي للإنسان في كل شيء؟ أي معنى يبقى في الحالة هذه لتلك المعتبرَة «ثوابت الحياة/ المجتمع»، وفي الواجهة: سفاح القربى؟

في كتابه «الأدب والشر» يكتب ما يترجم نظرته هو بالذات، ما يعرّي الشر من شرانيته، وكيف يلازم الكائن الحياتي، يكتب عن ساد (لم يكن لدى ساد طيلة عمره المديد سوى انشغال واجد، ظل مرتبطاً به لسوء الحظ، أي الانشغال حتى الإنهاك بحساب إمكانيات تحطيم الكائنات الإنسانية، تدميرها والتمتع بفكرة موتها وعذابها)5.

كتابة عن كتابة، لكنها كتابة عما كان باتاي يسعى إلى تنفيذه: كيفية إثبات جنون العالم، هتْك هتْكه بالذات.

هذه الكتابة بطريقتها في التعرية والتي تكون باسمها وبسببها كتابة تعرية، تستهدف الحد الأقصى من الكشف، من تجاوز «الاستثناء» الذي يمكن اعتباره الرقعة الأكثر إمبراطورية وتجنيساً، ومنطلقاً للطغيان والاستبداد، لأنها محمَّلة بأوجه الذين يصدرون الفتاوى العائدة إليهم، والمتنفذين ممن يحيلون المجتمع إليهم. تغدو الكتابة ذاتها فاعلية تعرية، إنما ما ينبغي النظر فيه، وهو كمون البعد التحرري الصارخ في الجسد، وإخراجه من تحت أنقاض القوانين، المراسيم، الدساتير، ومن ثم النصوص ذات الطابع الفقهي التي أبقت الجسد مغطى بدثار يزيّف حقيقته، ويحمي المسمى بـ «حياء» من يخدشون حياء الآخرين بأفعالهم وأقوالهم. كتابة ضد الحياء تساوي الجسد المنظور إليه في عريه الإلهي، أو الفطري.

لهذا كان تساؤله الموجع، وتقصّيه في الطريق المحفوف بالمخاطر، ومسمى الفجور الفعلي. يصبح سؤال التعري، سؤال الكتابة التي يرومها باتاي، سؤال مجتمعاً يعرّي على طريقته، ويرفض عريه الذي يكون من نوع آخر

(لماذا لا نحبّ الجسد إلاّ إذا كان عارياً (أو إذا تخيلناه عارياً)؟ ما الشيء الذي يستهوينا فيه؟ هل هي أعضاؤه الحساسة؟ لكن لماذا تستهوينا فقط بعض الأعضاء وأخرى لا، هل هو العري ما يستهوينا؟ إذ كلما كانت الأعضاء الحساسة عارية زادت رغبتنا بممارسة الحب؟ هل هذا يعني أيضاً أن سيادة العري وتعوّدنا عليه سيجعل رغبتنا تفتر وتنقص شيئاً فشيئاً حتى تنعدم، إن العري وحده لا يكفي، فالأعضاء العارية إن لم تكن حيّة تشعرنا لا محالة بالهلع والتقزز، فنحن لا نحب ممارسة الحب إلاّ مع الجسد الحيّ، ثمة شيء غريب يتجاوز الغريزة، شيء غامض، قد تكون معرفته شبه مستحيلة، وربما هو المستحيل في ذاته الذي بحث عنه باتاي، في التجربة الباطنية (تجربة العشق الشبقي).

ما الذي يجعل العري جزءاً من المجون وسلوكاً منبوذاً؟، ولماذا تعادل غالبية الثقافات بين التعري بعد التكسي ومقدمات الجنس؟ فحتى أكثر الثقافات انفتاحاً مثل الثقافة الفرنسية، لا تستطيع مقاومة هذا الإيحاء الغريب للجسد العاري)6.

في مشاهد من كتاب الشهير «الإيروسية» يتقدم بفكرته المركَّبة عن خاصيتها، وفي المعترك الكتابي، ثمة ما يتراءى في العمق: سفاح القربى، ما يخص الخرْق وكيف يكون لاخرقاً، طالما أنه موجود مسبقاً:

(إن النشاط الجنسي الهادف إلى الإنجاب هو نشاط مشترك بين الحيوانات المتناسلة والبشر، لكن البشر وحدهم، كما يبدو، هم الذين جعلوا من نشاطهم الجنسي نشاطاً إيروسيًّا، وما يميّز الإيروسية عن النشاط الجنسي البسيط هو بحث نفساني مستقل عن الغاية الغريزية الفطرية المعطاة ضمن الإنجاب وهموم الأطفال. ومن هذا التعريف الأوّلي أعود مباشرة إلى الصيغة التي اقترحتها في البداية، والتي اعتبرْتُ الإيروسية، بموجبها، إقراراً للحياة حتى الموت....

أعتذر الآن عن الانطلاق من ملاحظة فلسفية.

يُؤخذ على الفلسفة، عامة، ابتعادها عن الحياة... فالملاحظة التي أقصدها تتعلق بالحياة الأكثر حميمية: إنها تتعلّق بالنشاط الجنسي، منظوراً إليه، هذه المرة، من زاوية الإنجاب. قلت إن الإنجاب يتعارض والإيروسية، لكن، إذا كان صحيحاً أن الإيروسية تتحدّد باستقلالية التلذّذ الجنسي عن الإنجاب كغاية، فليس المعنى الأساسي للإنجاب سوى مفتاح الإيروسيّة.

إن الإنجاب يتعلّق بكائنات منفصلة. فالكائنات التي تتناسل هي كائنات متميّزة عن بعضها البعض، والكائنات المتولدة عنها متميزة فيما بينها ومتميزة عن الكائنات التي أنجبتْها. وكلّ كائن متميز عن الآخرين كلّهم. ذلك أن ولادته وموته وأحداث حياته قد تكون ذات أهميّة بالنسبة إلى الآخرين، لكنّه الوحيد المعنيّ بذلك مباشرة. هو وحده الذي يُولد. هو وحده الذي يموت. وبين كل كائن وكائن آخر، توجد هُوّة، يُوجد انفصال..

تعرفون أن الكائنات الحيّة تتناسل بطريقتين. فالكائنات البسيطة تعرف الإنجاب اللاتزاوُجي، لكن الكائنات الأكثر تعقيداً تتناسل جنسيًّا.

في التناسل اللاتزاوجي أو اللاجنسي، ينقسم الكائن البسيط، وهو خليّة، في مرحلة من مراحل نموّه. وتتكوّن نواتان، وهكذا ينبثق كائنان من كائن واحد. لكن، لا يمكننا القول إن كائناً أوّل أنجب كائنا ثانياً. فالكائنان الجديدان هما نتاجان للأول بالمستوى نفسه. لقد اختفى الكائن الأول، ومات، أساساً، لأنّه لم يبقَ أو يُبعث في أيٍّ من الكائنين المتولّدين عنه. وهو لا يتلف على طريقة الحيوانات التناسلية التي تموت، بل يكفّ عن الوجود. ثمة نقطة يصير فيها الواحد الأصلي اثنين. وما إن يوجد الاثنان حتى يوجد انفصال جديد لكل من الكائنين. لكن الانتقال يتضمّن لحظة اتصال بين الاثنين. فالأول يموت لتظهر في موته لحظة أساسية لاتصال الكائنين

هذا الاتصال نفسه لا يظهر في موت الكائنات المتزاوجة التي يعتبر الإنجاب عندها، مبدئيًّا، مستقلاً عن الاحتضار والتلاشي. لكن الإنجاب

التزاوجي الذي تكون قاعدته المخاطرة بانقسام الخلايا الوظيفية، بالطريقة نفسها التي في الإنجاب اللاتزاوجي، يستدعي نوعاً انتقاليًا جديداً من الانفصال إلى الاتصال. إن الحيوان المنويّ والبويضة، هما في حالتهما الأولية من الكائنات المنفصلة، لكنّهما يتّحدان، وبالتالي فإنّ اتصالاً يتم بينهما، لتكوين كائن جديد، انطلاقاً من موت، ومن تلاشي كائنين منفصلين. والكائن الجديد، في حدّ ذاته، منفصل، لكنّه يحمل في ذاته الانتقال إلى الاستمراريّة والاتصال، أو الذوبان، المُميت لكائنين متميزين..

إننا نعاني من تحمّل الوضع الذي يشُدنا إلى فردية المصادفة، إلى الفردية الفانية التي نمثّلها. وفي نفس الوقت الذي نملك فيه الرغبة القلقة في استمرار هذا الفاني، نملك أيضاً هوساً باتصال أصلي يصلنا بالكائن عامة. والحنين (النوستالجيا) الذي أتحدث عنه لا تربطه أية صلة بمعرفة المعطيات الأساسية التي أدخلْتُها. إذْ يستطيع فلان أن يتألّم لكونه لا يوجد في العالم بمثابة موجة ضائعة في اصطخاب الأمواج، تجهل الازدواجية وانصهار أبسط الكائنات. لكن ذلك الحنين يقود، لدى كلّ الناس، أشكال الإيروسيّة الثلاثة.

سأتحدث تباعاً عن هذه الأشكال الثلاثة، وهي إيروسيّة الأجساد (الجنس) وإيروسيّة القلوب (الحب) وأخيرا إيروسيّة المقدّس (الدين). سأتحدّث هنا لأبيّن جيداً بأنّ ما يطرح فيها دائماً، إنّما هو تعويض عزلة الكائن وانفصاله بشعور من الاتصال العميق.

ومن السهل إدراك ما تعنيه إيروسيّة الأجساد أو إيروسيّة القلوب، لكن الفكرة المتعلّقة بالإيروسيّة المقدسة أقلّ ألفة. وفضلاً عن ذلك يبدو هذا التعبير غامضاً، في نطاق كون كلّ إيروسيّة هي مقدّسة (= محرّمة- المترجم)، لكنّنا نلتقي بالأجساد وبالقلوب من دون حاجة إلى دخول الدائرة المقدسة بأتمّ معنى الكلمة. في حين أن البحث، عن استمرارية

الكائن واتصاله، المتبع بانتظام فيما وراء هذه الدنيا، يشير إلى مسعى ديني، أساساً؛ ففي الغرب تمتزج الإيروسيّة المقدسة في شكلها المألوف، بعملية البحث نفسها، أي بحبّ الإله، لكنّ الشرق يسعى إلى بحث مشابه دون الاضطرار إلى المخاطرة بتصوّر الإله. والبوذيّة، بخاصة، تستغني عن هذه الفكرة. وفي كلّ الأحوال، أريد الإلحاح، منذ الآن، على دلالة محاولتي. لقد أجهدت نفسي بإدخال مفهوم، قد يبدو للوهلة الأولى غريباً، وفلسفياً بلا جدوى، وهو مفهوم الاتصال، المتعارض مع الانفصال لدى الكائن. ويمكنني أخيراً التشديد على كون الدلالة العامة للإيروسيّة ووحدة أشكالها قد تفلتان منّا، من دون هذا المفهوم.

ماذا تعني الإيروسيّة لجسدين غير خرق الكائن في كلا الشريكين؟ غير خرقٍ يتاخم الموت؟ غير خرق يتاخم القتل؟

وما الغاية من مباشرة الإيروسيّة، إلّا بلوغ الكائن، في أعمق نقطة حميميّة، حدّ الغيبوبة؟ إن الانتقال من الحالة العادية إلى حالة إيروسيّة يفترض فينا الإنحلال النسبي للكائن المتكوّن ضمن النسق المنفصل. وعبارة الانحلال تتطابق والتعبير الشائع عن حياة منحلّة، مرتبطة بالنشاط الإيروسي. وفي حركة انحلال الكائنيْن، يكون للشريك الذّكر، عادة، دورٌ فعّالٌ، وللأنثى دَوْرٌ منفعل، والطرف المنفعل، الأنثويّ، هو أساساً الطرف الذي ينحلّ بصفته كائناً متكوناً. وليس لانحلال الطرف المنفعل بالنسبة إلى الشريك الذكر، سوى معنى واحد: الإعداد لانصهار يختلط فيه كائنان، توصّلاً معاً في النهاية إلى نقطة الإنحلال نفسها. إن مبدأ المباشرة الإيروسيّة هو تحطيم بنية الكائن المنغلق، أي الحالة العادية التي يكون فيها الشريك.

العمل الحاسم هو التعرية، فالعري يتعارض وحالة الإنغلاق أو الانطواء، أي حالة الوجود المنفصل. العري حالة تواصل، تشي ببحث عن اتصال ممكن تخرج بالكائن من حالة الانطواء على نفسه. تنفتح الأجساد

للاتصال عبر تلك القنوات السريّة التي تبعث فينا الشعور بالدّعارة. والدعارة تعني تلك البلبلة التي تشوش حالة أجساد متطابقة مع امتلاك ذاتها، مع امتلاك الفردية الدائمة المؤكدة. وثمّة، على العكس من ذلك، سلبٌ أو نهبٌ في حركة الأعضاء التي تُمْعِنُ في تجديد الانصهار، مثل حركة الأمواج جيئة وذهاباً، إذْ تتداخل وتتلاشى الواحدة في الأخرى. إنّ عمليّة السلب تلك، لَمِنَ التّمام بحيث تعمد أغلب الكائنات، في حالة العري الممهّد للسلب، وهو شعارها، إلى التستر، وخاصة إذا تلا الفعل الجنسي العري وأكمل سلبه. إنّ التعرّي كما مورس في الحضارات التي أكسبته معنى ممتلئاً، إذا لم يكن صورة القتل – فقد كان على الأقلّ معادلاً بلا خطورة لعملية القتل. ففي العصور القديمة كان الخلع (أو الإتلاف) الذي تتأسّس عليه الإيروسيّة محسوساً بدرجة تكفي لتبرير التقارب بين ممارسة الجنس والتضحية. وعندما أتحدث عن الإيروسيّة المقدّسة، التي تتعلّق بانحلال أو ذوبان كائنات مع ماوراء الواقع المباشر، سوف أعود إلى معنى التضحية. ولكنني ألح، منذ الآن، على كون الشريك الأنثوي في الإيروسيّة كان يبدو بمثابة الضحيّة، والذكر مثل المضحّي أو مقدّم القربان، وكلاهما يتلاشيان خلال الممارسة، في الاتصال الذي يقيمه فعلٌ أوّل للإتلاف.

وليس لوصف الماركيز دو ساد، لذروة إثارة جنسية في القتل، في رواياته، إلا معنى واحد: عندما يتمّ نقل الحركة المباشرة التي تحدثت عنها، إلى نتيجتها القصوى، لا يكون هناك ابتعاد، بالضرورة، عن الإيروسيّة. ثمّة في الانتقال من الحالة الطبيعية إلى الرغبة فتنةٌ أساسية للموت. إنّ المجازفة في الإيروسيّة تستهدف دائماً حلًّا أو تذويباً للأشكال المتكوّنة..

تتسم الإيروسيّة الجسديّة، في كلّ الاحوال، بنوع من الثقل والكآبة. ذلك أنها تحافظ على الانفصال الفردي، ويكون ذلك دائماً بمعنى الأنانية الصّلفة تقريباً. أمّا إيروسيّة القلوب فهي أكثر حرية. وإذا كانت تبتعد ظاهريّا عن مادية الإيروسيّة الجسديّة، فهي لا تباشرها إلّا باعتبارها مظهراً

متوازناً، وذلك بفضل المحبة المتبادلة بين العاشقين. ويمكنها التخلّي عنها تماماً، لكن ذلك يُعدّ استثناء، قد يوجد مع تنوّع الكائنات البشريّة. وفي الأساس، يمدّد هوى العاشقين ذوبان جسديهما إلى مجال التعاطف الأخلاقي. يمدّده أو يكون مقدمة له. لكن الهوى، لمن يكابده، قد يكتسي معنى أعنف من الرغبة الجسديّة.

إن الفعل الإيروسي الذي يذيب الكائنات المباشرة له يكشف عن اتصالها، مذكّراً باتصال المياه الصاخبة. في التضحية، لا توجد تعرية فقط، بل هناك قتل للضحيّة (أو إذا لم يكن موضوع التضحية كائناً حيًّا، هناك، بطريقة ما، إتلاف لذلك الموضوع).

تموت الضحيّة، فيشارك الحاضرون في عنصر يبرز من خلال موت الذبيحة. هذا العنصر، هو ما يمكن تسميته، مع مؤرخي الأديان، المقدَّس. فالمقدّس هو، تحديداً، اتصال الكائن منكشفاً للذين يركّزون اهتمامهم، في طقس احتفالي، على موت كائن منفصل. ثمّة، نتيجة للموت العنيف، انقطاع لانفصالية كائن: وما يتبقّى، وتحسّ به أرواح متلهّفة في الصمت الشامل، إنما هو اتصال الكائن، الذي أُعيدت إليه الضحية.

وحدها عملية القتل الاحتفالية، الممارسة ضمن شروط يُحدّدها وقار الدين وجماعيته، قادرة على كشف ما لا يُمكن ملاحظته في العادة. ولا يمكننا تصوّرُ ما يظهر في الأعماق الخفيّة للحاضرين إذا لم نَعُدْ إلى التجارب الدينية التي مارسْنَاها، ولو في طفولتنا. كلّ شيء يدفع بنا إلى الاعتقاد الجوهري بأن مقدس التضحيات البدائية يقابل الإلهي في الأديان الحالية.

قلت منذ قليل بأني سوف أتحدّث عن إيروسيّة إلهية، في البداية. ذلك أن حبّ الإله فكرة مألوفة أكثر، وأقلّ إرباكاً، من حب عنصر مقدّس، لم أفعل ذلك، أكرّر، لأنّ الإيروسيّة، التي يوجد موضوعها بعيداً عن الواقع المباشر، أبعد من أن تقتصر على حبّ الإله. لقد فضّلتُ أن أكون أقلّ وضوحاً على أن أكون أقلّ دقّة.

إنّ الإلهي يتطابق جوهريّا والمقدس، مع التحفظ إزاء الانفصال النسبي لشخصيّة الإله. فالإله كائن مركّب، وهو على الصعيد الوجداني، يتمتّع جوهريّا باتصاليّة الكائن الذي أتحدّث عنها. وليس تصوّر الإله، في اللاهوت التوراتي كما في اللاهوت العقلاني، بعيداً عن كائن ذاتي، وعن خالق متميّز عن كلّ ما هو موجود..

إن الشعر يقود إلى النقطة نفسها التي يُؤدّي إليها أي شكل من أشكال الإيروسيّة؛ إلى اللاتميّز؛ إلى تشابك الأشياء والمواضيع المتميزة. إنه يقودنا إلى الأبديّة، يقودنا إلى الموت، وبالموت، إلى الاتصال: الشعر هو الأبديّة. إنه البحر ممعناً مع الشمس(7.

بمقدار ما تصل الإيروسية كاتبها بالحياة تمضي به إلى الموت، سوى أن في متن الكتابة هذه، ثمة الحنين إلى الحياة التي لا تُمتَلك، ثمة الحياة المهتوكة، إن جاز التعبير، فهو فيما يتعرض له بالكتابة، يكون قد تعرض له هو من قبل ضغوطات محيطه، إنها جملة النوازل الاجتماعية والسياسية، ورؤيته لسخافة الروابط الاجتماعية، والحرمات، وهو يعيش أنَّى التفت ما ليس له أثر إلا حطام الأجساد المحصَّنة، كما يقال، وليس من ضمان حضانة حرمات، ولهذا كان يفلسف الحياة، كان يكتب شذراته، يكتب الشعر إيماناً منه، أنه بطابعه البرقي، يخترق المصمت، والمعتَّم عليه، كما تلمسنا في نصه.

أن يكون هناك محرَّم، ويكون ما يسبقه خلافه، أو يوضَع حد للحرمات، حد يعلِم بوجود ما يتسرب إلى داخلها، وهو موجود أصلاً، إنما من باب التعمية، في الحالة هذه، جيء بالحد ذاك، ولا أكثر منه هشاشة، ولذلك، فإن العنف الذي يعايَن في هذا التداخل، يكون العنف المتحصل وراء إجراء قائم باسم القانون، بينما الانتهاك شغال في كل جهة.

هناك طقوسية مستمرة، لم تتوقف مذ كان الإنسان النياندرتالي «البدائي» تجاه الآخر، وشراسة التعامل القائمة، وفي الصميم ما كان

المحرَّم يعرَف به، وكيف يتم اعتماده، أي كيف يصار إلى تقطيعه، أو نفي حقيقته الفعلية. (دفعه إحساسه المبهم تجاه الموت بأن يلفه بكثير من المحاذير والطقوس. وكان تحريم القتل مظهراً خاصاً من مظاهر تحريم العنف. إن الدفن الذي مارسه الإنسان النياندرتالي، إبان العصر الحجري، والذي لم يكن يتخذ بعد الوضعية المستقيمة في وقوفه، راجع في تبرير أولي إلى الحيلولة دون التهام الحيوان للأموات، غير أن السلوك الحذر تجاه الموت، والخوف من انتقال عدواها إلى الأحياء، هو ما كان في العمق وراء تلك المراسيم كلها. ألم يشر فرويد نفسه إلى أن المحظور الذي يُضرب على الميت يحميه أيضاً من الرغبة التي قد يستشعرها البعض في إرادة أكله؟

تأتت الممنوعات المتعلقة بالتناسل والتوالد من كون النشاط الجنسي يعتبر عنفاً بالمقارنة مع العمل، كما ذكرنا من قبل، لأن بوسعه أن يربك المجرى العادي والسليم لهذا الأخير، لهذا يمكن أن نجزم بأن الحرية الجنسية قد وضعت لها حدود منذ القدم، هي المحرمات.

من هنا طُرح أيضاً منع نكاح الأقرباء الذي سبق لكلود ليفي ستراوس أن درسه من منطلق توزيع النساء، وبالتالي تزويج النساء المتوفرات، وما يترتب عن ذلك من جهة القرابة والنشاط الاقتصادي لمن يقدمون على تبادل النساء.

ركز باتاي على الحمولة الرمزية التي يكتسبها التحريم، وأشار إلى أن الوجه الآخر للمنع هو بالتحديد خرقه، ذلك أن مجرد المنع لا يوقف نهائياً حركة المحظور، لأنه في حالات كثيرة، سواء تعلق الأمر بالجنس أو بالموت أي القتل، فإن استحداث الكفارة يمتص كتعويض الضرر الملحق بكسر حاجز المحرم، كما تسمح الطقوس الإباحية أثناء الاحتفالات بالممارسات الجنسية المحرمة خارج ذلك السياق المحدد، مثلما يصير القتل في إطار الحروب مباحاً، أو على الأقل أثناء الأضحية....8.

يخيَّل إلي أن باتاي صرف عمره اللامديد «القصير نسبياً» والعميق

معنى وتأميناً على حياة لاحقة، في تأمل الجسد المنزوع الكرامة، وكان سخطه اللافت إسهاماً منه وبامتداد حياته تلك، في الكشف عن هذا الخرق المسكوت عنه.

إن ما سماه صديقه ذات يوم، وناقده الحاد والمخيف في وصفه «فيلسوف الغائط»، أي أندريه بريتون، كان يعبّر عن الانقسام في المواقف، أي الحد الذي لم يكتف باتاي الوقوف عنه، بالنسبة إلى السورياليين حال بريتون9.

إنه وجه من وجوه معاينة ما كان يجري، وكيف يتداخل سفاح القربى في عالم باتاي مع مختلف مجالات الحياة، لكن علينا ألا ننسى أن هذا المفهوم، وباعتباره يرتبط بالعائلة، بالجنس، بالإنجاب، وما يترتب على كل ذلك، وكيف كان الخراب يمارس حضوره في ذلك العالم، لهذا تفهَم حساسية باتاي الميكروسكوبية تجاه الجاري بوصفه انحطاطاً على أكثر من مستوى، على أنه كارثي، وأن مفهوم «الخرق» الذي يأتي على ذكره، ليس أكثر من ترجمة مباشرة لرؤيته لما يدور حوله.

ميشيل فوكو «1926-1984»، مفكّر الرغبات المارقة، ومعززها، يفلسف الجنون كثيراً، الجنون الذي يكون عرّاب العالم الذي لم يحن بعد، وكان ذلك قبل عقود من الزمن، لا بد أنه كان يكتب سيرة حياة لنفسه، لطريقته في النظر إلى العالم وكيف كان يتهاوى أمام ناظريه، حيث شهِد «نهاية الإنسان» وهي الترنيمة الفاجعة في نهاية كتابه «الكلمات والأشياء» لم ينس أن يضمّن كتابه عن جنون من نوع آخر، لا يخفي وقاحة المتمرد على القواعد، حيث القواعد هذه فقدت كل اعتبار يُركَن إليه، وضمناً يأتي ساد «صاد في الكتابـ « وأستغرب، كيف أنه لم يكتب عن باتاي الذي لا يخفي تأثره به، وقد كتب عن كثيرين: نيتشه، فان غوغ، آرتو، ويركّز على ساد كثيراً، وما يقوله فيه، لا يُستثنى باتاي منه (إن هدوء صاد، ولغته المريضة تحتضن هي الأخرى الكلمات الأخيرة للاعقل، وهو أيضاً يمنحها، من أجل

المستقبل، معنى أبعد من ذاك الذي كان سائداً من قبل..)10.

كان باتاي مجنوناً على طريقته، إنه الجنون المرتبط بالانفصال عن العالم الذي لم يعد يستحق العيش، البقاء، وهو نفسه العالم الذي كان يتباهى بأنه معِدٌّ للمستقبل، ما هو جديد ومفيد للإنسان، سوى أن المعيش اليومي لم يفسِد هذا المتردد، إنما قاربه نقدياً وبعنف يتناسب وقوة الزعم بالتحول غير المسبوق.

بين جنون ساد وباتاي يبرز العقل الآخر، الأشد اغتراباً، الأشد تعرية للعقل الأداتي المدمّر للواقع، للمحرَّم نفسه، وبذلك: كيف يلام كل من ساد وباتاي على تسميتهما لما هو مهتوك وهاتك له؟

إشارات

1. http://www.aljazeera.net.
2. دو ساد، المركيز: أيام سدوم المائة والعشرون «مدرسة الخلاعة»، ترجمة: كامل العامري- مراجعة: د. كرم غطاس، منشورات ألكا، بلجيكا، 2017، ص 5.

كما نوهّت، يمكن النظر في مكان النشر «الأوروبي»، ولم لم تطبَع الرواية في بلد عربي مثلاً!

3. ينظَر في موقع antolgy.com الالكتروني، والمقال من ترجمة: حسين عجة.
4. ينظَر في موقع raisondesade.blogspot.com الالكتروني، 4 تشرين الثاني، 2015، ترجم المقال: محمد عيد إبراهيم.

ينظَر في المقابل، نص الترجمة بشكل مغاير، جهة التعبير، والتركيب، بصورة أجمل، كتاب باتاي: الأدب والشر، ترجمة: حسين عجة، منشورات سطور، بغداد، ط1، 2018، ص 107- 108. إن الفصل المتعلق بدو ساد، يقع بين صص 105-134، من كتابه هذا.

5. باتاي، جورج: الأدب والشر، المصدر المذكور، ص 118.
6. أوعبيشه، علي: الجنس وجماليات المجون في كتابات جورج باتاي 2--: أسئلة المجون، بين تجربتي الجنس والموت، موقع elmawja.com، الإلكتروني.
7. باتاي، جورج: الإيروسيَّة: إقرار الحياة حتى الموت، ترجمة: محمد علي اليوسفي، nomene.blogspot.com، 6 تشرين الأول 2013.
8. كرمون، عبدالله: جورج باتاي وعالم المحرمات، إيلاف، 18 تموز 2011.
9. نقرأ في مقال كتبه محمد عيد إبراهيم، بعنوان: جورج باتاي: فيلسوف الغائط، www.alg17.com، ما يفصح عن عمق الخلاف بين العلَمين، وعنف الكلام الموجَّه من بريتون إلى باتاي في بيان السوريالية الثاني، حيث أدان فيه باتاي ثم طرده، بدعوى أنه «فيلسوف الغائط» والذي يعمد إلى حيوانيته والذباب والغائط...إلخ. وعلينا قياس المسافة بين الاثنين فيما بعد. ومن كان الأقدر على الاستمرار، إنما أيضاً، كيف كان يمارس نقد من هذا النوع عنفه المريع!
10. فوكو، ميشيل: تاريخ الجنون في العصرالكلاسيكي، ترجمة: سعيد بنكَراد، المركز الثقافي العربي، بيروت، ط1، 2006، ص 534.

الفصل الثالث

الدرس العائلي حول سفاح القربى

«ليس لتاريخ الجسد القانوني بداية ولا نهاية، ويصرَّف بعدة طرق: توسيله كأداة، تجسد، تحول، حماية.. الجسد هو هدف القانون... الجسد المهتوك والمسيطَر عليه والمحجوب مرهون و «دالف» داخل لولب بدون نهاية موثِقاً الإكراهات بحلقة. إنه مستعبَد ويفقد نفسه باستخدام ضال لمادة المتعة التي إذا ما حادت عن وظيفتها، أصبحت مادة حاجة ٍ تُبتلع لمل الخواء الذاتي للرعب..

الاهتمام المتنامي بالجسد ليس سوى الحنين إلى جسد مؤمثل، جامد، صقيل، يجب أن يمحى منه كل أثر للحياة. يظل الجسد المكون من لحم ودم مجهولاً ومحتقراً، لصالح الجسد الذي تمجده دعايات تجار مواد التجميل ونوادي قضاء العطل..

الجسد المهتوك والمسيطَر عليه والمحجوب مرهون و «دالف» داخل لولب بدون نهاية موثِقاً الإكراهات بحلقة. إنه مستعبَد ويفقد نفسه باستخدام ضال لمادة المتعة التي إذا ما حادت عن وظيفتها، أصبحت مادة حاجة ٍ تُبتلع لمل الخواء الذاتي للرعب.

معجم الجسد: إشراف ميشيلا مارزانو، ترجمة: حبيب نصرالله نصرالله، المؤسسة الجامعية، بيروت، ط1، 2012، م1: ص 365-369 -381-408.

أولى بهذا الجسد أن يصرخ عالياً

كيف يمكن القيام بتقديم درس عائلي حول سفاح القربى، ثم: عن أي سفاح قربى يمكننا التركيز في درسنا «المدوِخ» هذا؟ ثمة أوجه، طبقات، تشعبات، ترسبات صور ذات صلة، إشارات خفية، تلميحات معينة، تصريحات لا تخلو من وقاحة، دقة هائلة في اختيار المفردات مراعاة لمناخ الدرس ومن يمكن التوجُّه إليهم به، إحراجات من خلال أسماء تطلَق بعيداً عن التشبيه، أو الترميز، تعرية المشهد التمثيلي أحياناً، وتحديد المواقع الجنسانية في الجسد المعتبَر عائلياً، نصوص متفاوتة في القيمة التاريخية، إلى جانب الفتاوى، ومن ثم التنظيرات، وذاكرة الجسد العائلي المتوترة في موضوع مخصص لذلك، أمثلة حيّة، وربما الوقوف عند أسماء، ونزْع كل لبس عنها.. إلخ. كلها تشكّل مكونات هذا الدرس الذي يمكن أن يأخذ منا وقتاً غير محتسب، كونه تاريخنا الجنساني المباشر، وجسدنا الذي نحمله ويحملنا، جسدنا الذي نخرج به ومنه إلى العالم، إذ نتحرك ونتكلم، ويرانا الآخرون، وفي مزاولة أنشطة معينة، جسدنا الذي نقيم فيه بوصفه مأوانا الحيوي الدنيوي، جسدنا الذي يربطنا بأكثر من معنى بما هو عائلي: جسدنا العائلي الذي نفكّر انطلاقاً منه.

هذا الجسد الفردي والجمعي في آن، الجسد الذي لا يهدأ، إنما في حراك دائم مع نفسه وسواه، وثمة أكثر من متخيل له داخله، يحفّزه على التعامل مع الآخرين، ثمة ما يختاره في استراتيجية تأكيد الذات، وإعلاء صرح أناه، مهما أفصح عن تواضعه، ثمة عنصر التباهي الذي يتلبسه تبعاً

للمكان والزمان والذين يُحتكُّ بهم، ثمة الحواس التي تميّزه عن سواه: رائحته الخاصة، وتلك التي تمتزج برائحة الأهل، رائحة المكان الذي يحيط بالأهل سيميائياً، محفّزات معينة تبقيه ضمن رابطة العائلة.

كيف يمكن النظر في هذا الجسد العائلي، توخياً لإضاءة الصحة النفسية والاجتماعية للعائلة، وحيث يكون سفاح القربى في المتن، كما لو أنه الضوء السهمي الذي يتحرك باتجاهه، أنّى تكلمت اللغة، وأفصحت علامات الوجه عن حركة ما.

لتكون الصعوبة مضاعفة، في نطاق جملة من المتغيرات التي نشهدها داخل العائلة التي لم تعد كما كانت، أي وقد تناثرت أو تباعدت عن بعضها البعض، لأسباب شتى «نتركها لسوسيولوجيي العائلة»، ونظرة كل فرد عائلي إلى نفسه، وهو يقرأ ما يعرَض عليه، أو يصطدم به، أو ما يشاهده، أو ينشغل به ضمن هواياته وميوله التي وفَّرت لها التقنيات الإلكترونية اليوم الكثير مما كان يُعدُّ أبعد من حدود الخيال: أجهزة الموبايل، والدخول في مواقع لها قوتها الساحقة في استدراج الكثيرين ممن لم «يتسلحوا» بتلك الإمكانات الحائلة دون التأثر بتلك المؤثرات، وتحديداً، لحظة الحديث عن الجسد المكبوت لمقتني الموبايل الحديث، أو اللاب توب، وغير ذلك من الأجهزة التي تمد الجسد بأسباب الحياة والموت. وهذا من شأنه مضاعفة الصعوبة في تقديم الدرس الموسوم، وهو المميّز بطابعه التاريخي، وثمة جسد عائلي نفترضه منسجماً أو ذا حضور مهيَّأ للتجاوب أو الإصغاء والتفاعل، أو ينشّط فينا إرادة سردية وتحليلية وتفاعلية معينة، وحيث ينبغي النظر في تلك التوجهات التي يعتمدها أفراد العائلة الواحدة، وبينهما تباعد إلى درجة التضاد الكلي أحياناً، وربما لا نكون مبالغين إذا قلنا إن ما يسعى إليه أحدهم وهو يلجأ إلى إجراء تغييرات في جسده «عمليات تجميل» وبدءاً من أنف ذي الموقع اللافت في الوجه، واقتناء مواد زينة «أصباغ مختلفة»، كل ذلك لا يجوز التقليل من تأثيره السلبي في بنية

هذا الجسد العائلي، إذ يمكن التأكيد على وجود رابط كيميائي يوحّد بين هؤلاء بمقدار ما يكونون متقاربين، ليحصل تباعد بمقدار ميل كل منهم إلى تغيير ما في جسمه، ليكون جسده، بالمفهوم الإنساني نفسه، متأثراً بذلك، والرابط الكيميائي ليس مجرد وظيفة حيادية، إنما تتأثر بما يجري. إنها إفرازات من النوع الذي يزيد التباعد أو يقصره..إلخ.

لهذا، فإن الذي يستوقفنا هنا، يستغرق مساحة تاريخية- اجتماعية وتربوية، مطروح كدرس، وليس كتوجيه. إلى جانب أن هذا الدرس الموصوف بالعائلي، يرتكز إلى ما نقلته عن الفرنسية، في مضمار «الصحة العقلية»!

عنوان البحث/ الملف يغري بالقراءة والمتابعة والتأمل، إذ يأتي استفسارياً، وبذلك يضمن استمراريته ليستغرق كامل البحث/ الملف «سفاح القربى، يا سيدي، هل أنت متأكد من أنه محظور حقاً..؟»:

«L'inceste, Monsieur, êtes-vous sûr qu'il soit vraiment interdit...? »

هذا العنوان السؤال/ الاستفسار، لا ينتظر جواباً، لا يطرَح من أجل جواب، إنما يبقى مكرّراً نفسه، وفارضاً ذلك القلق الكينوني، الإنساني، والجنساني- المجتمعي الطابع. ليس من طعن في أي اجتهاد قدّم في هذا المجال، ولا موافقة عليه، ولا إعادة النظر في بنيته، كأن يكون هناك تعديل، أو مراجعة نقدية، أو شطبه، ولا تثبيته أو نشره على الهواء مباشرة، أو ضمن كراس معين أو أكثر بدافع الحرص على أهميته، أي مصداقيته، إنما هو إحدى الاستراتيجيات الكبرى للعمل البحثي الميداني والعيادي في آن. فثمة التاريخي، إلى جانب الاجتماعي، فالسياسي، والنفسي، فالأدبي والرمزي، ودون نسيان فكّي الكماشة الضاغطين المؤثّين بدورها: الدين والأسطورة، وثمة شعرة رفيعة بينهما، جهة التداخل بينهما وموقعهما.

لهذا، يكون في مقدور أي كان التعرض لواقعة كهذه، بوصفه المعني بعائلة: أباً، أماً، أخاً، أختاً، عمّاً، خالاً، أو أي كان من أفراد العائلة لحظة

مداهمة الخطر «جائحة قادمة باسم سفاح القربى» ومن خلال التعقيد عدا ما هو جانب تحريمه بوازع أخلاقي، أو ديني، كون المسألة عميقة الجذور تاريخياً، وتخضع لتراتبيات اجتماعية وفقهية وإرثية، أبعد من حدود التقويم الجنسي المحض، إذ إن الشهوة مرفوعة إلى خانة أخرى، والمتعة لا تعطى تلك القيمة المباشرة ذات الصلة بالنسَب العائلي المباشر «الأم- الابن، الأب- البنت، والعكس» مثلاً، إنما تتدخل إشكالات أخرى تنطلق من العقد المجتمعي التليد وهو في قطعيته بخصوص تحريم سفاح القربى. وهذا الدرس يتطلب مستوى ثقافياً عالياً في بعض النقاط، وتحديداً، بالنسبة إلى اليعد الدلالي لسفاح القربى، وموقع «أوديب « في اللعبة، وخطورة الاعتراف في هذا المعترك الخطير، وفي مجتمع لا يعطي أي تبرير لمنزلق معتبَر من المعاصي، ولو أن الواقع ومجرياته يصدما يومياً بما يضاد الصادر قانونياً. وهناك تسلسل منطقي، حسي، فميل إلى التجريد، وعودة إلى الحسي، ومن ثم الاستعانة بما هو جيني، وصلته بالتكاثر، وما يبقي باب الموضوع واسعاً، كما هو واسع في أصله، وتحديداً في عالم الانزلاقات الكبرى اليوم!

ما أريد إبرازه، هو هذا البحث المتشعب والمتفاوت في مقالاته الفرعية، نقِل في معظمه عن الفرنسية، وكوني تلمستُ فيه ما يشغلنا، أي نحن الذين نهتم بموضوعات «حساسة للغاية» ومهمة جداً، أوردته في مجمله، دون نسيان ما يمكن إثارته في السياق، أو إثر قراءته، فهو نتاج مجتمع أوروبي، وحتى فرنسي، لكن قضية سفاح القربى ذات حضور عالمي، وهو حضور يُتلقى بمعايير مختلفة، تبعاً لاختلاف الثقافات، ومسائل الجنس، كالمثْلية وغيرها، وتجلّيها القانوني. إنها حرّية من نوع آخر، وكوننا لا نزال نشكو الهامش المحدود من الحرية، حتى في اختيار شريكة حياتنا، فكيف بمعايشة موضوع وعِر، رجراج، ساخن إلى درجة الحرق؟ إن مجرد طرْحه أحياناً، يكون بمثابة طرْق باب ممنوع التفكير فيه!

إن ما يبدأ به الموضوع المعقد والشائك، جهة التنويه إلى حالة الغموض فيه، يستحق التدقيق في مغزاه. ربما يتم التساؤل هنا: وما هي هذه الرغبة « الغامضة un « désir » obscur، إن لم تكن هذا الميل السفاحي إلى المنتهَك، أو الرغبة في رغبة محظورة؟ رغبة جنسية في غشيان المحارم، أو سفاح القربى؟ إنها رغبة غير ممكنة التقدير في النفس: كيف، ومتى، وأين تظهر، أو يمكن أن يُشار إليها، لأن هناك ما يعتِّم عليه، ما يجب أن يبقى سراً، كما هو وجهه:

(إذا كانت مسألة سفاح القربى تضعف وجود «رغبة» غامضة، فإن تحقيق هذه الأخيرة يتلوى على سديم الحظر la nébuleuse d'un interdit. عبر الابتعاد عن قراءة أوديبية كلاسيكية، تستعيد هذه المقالة، من خلال التحليل عبر الأجيال، مشكلة سفاح القربى مع الوالدين. إنه يفترض - في هذا الصدد - نبأ قتل واندثار من أصل أبوي يدعو إلى التشكيك في موقف وجودي. يقترب سفاح المحارم في حركته المتناقضة: الحياة الطموحة، إنها تبث الموت فقط. تظهر المحرمات كما في مقتطَع رئيس circonscripteur essentiel من المساحات النفسية. وأخيراً، تقودنا العيادة إلى فحص أوجه القصور في التكامل عبر الأجيال في هذا الجانب من القانون، ما يؤدي إلى الخلط بين المساحات الخاصة والعامة).

إنه التوجه نحو منطقة العواصف الجسدية الأكثر اصطحاباً للكوارث النفسية، أو السعي إلى فتح البوابة التي أقل ما يمكن أن يقال فيها، هو أنها البوابة التي ربما إذا فتِحت لا يعود في الإمكان غلقها، أو صد الزوبعة الأفقية القادمة من خلفها. ذلك ما نتلمسه في بنية العلاقات الاجتماعية التي تمثّل النسيج المجتمعي، أو الحقيقة الكبرى لما يتخوف منه الناس، ولما لا يستطيع الناس الجزم، بأنه تخوف يشهد على ضلوع البعض منهم/ أحدهم، وفي صمت غالباً، فيتجاوز الحد الموضوع، لأن ليس من سلطة مساعدة على الكشف عن هذا الخرق اللامرئي، هذا الحجاب الحاجز

النفسي في مجتمعاتنا، ومن هنا كان التحدث، مما هو ملموس، وممكن التعريف به نسبياً، بدءاً من تقويم السؤال، وكيفية تجليه الفكري.

الشروع في التفكير Initier une réflexion

1 سؤال غير لائق...؟

Une question impertinente

هذا السؤال، الذي قد يفاجئ البعض، وضعه لي عامل اجتماعي شاب خلال إحدى الحلقات الدراسية المخصصة لظواهر العنف. هذا الاستجواب «الصريح» questionnement candide لذي يشكله الشباب البالغون، يبدو أنه يعكس سوء الفهم الاجتماعي المتوطن méconnaissance sociale endémique وتأجيج مزيد من عبور المؤلم لعدد كبير جداً من المواطنين. ومن المدهش حقا أن نسمع بصدد المكان «الآمن» لجلسات العلاج النفسي «l'enceinte «sécurisée de séances de psychothérapie، أن هذه هي فردية أو عائلية أو زوجية، وعدد من الناس الذين لديهم (وهو ما يحدث إلا نادراً) تلك التجاوزات الجنسية transgressions sexuelles من عائلتهم أو أقاربهم. على الرغم من أننا يجب أن نبقى حذرين تجاه عدم الخلط بين منتجات الخيال مع بعض الحقائق، وأنها ربما تكون أكثر تواتراً مما كان يعتقد سابقاً. حيث تزدهر هذه الأوضاع في جميع المجالات الاجتماعية والمهنية وليست حكراً على ما يسمى بالطبقات الاجتماعية «المحرومة» défavorisée. بالإضافة إلى ذلك، فإنهم يأخذون بطريقة دقيقة شخصية متكررة خلال حياة واحدة ويمرون عبر الأجيال بانتظام. وفي هذا الصدد، فإن الوقائع المختلفة التي يتم نشرها على نطاق واسع في الوقت الحالي والتي تشمل أعمال الأطفال (قضية Dutroux، Fourniret...) هي

على الأرجح قمة جبل جليدي من جانب سفاح القربى وعلاقات سفاح واضحة. علاوة على ذلك، فإن الجهل بالحظر العالمي لسفاح المحارم، والذي سنناقشه لاحقاً، له أهمية كبيرة في عالم مقدمي الرعاية، وهذا، بما في ذلك قرب بعض المعالجين النفسيين).

لا أظن في الحالة هذه أن لدينا تلك العيادات النفسية والتي ترتبط بتلك اللازمة الدينية، أو ما شكّل اعترافاً ديني المنشأ أو في الأصل، دون أن يكون هناك توبيخ، أو استجواب، أو إنزال عقاب ما فيه، كون «العيادة النفسية» تترجم مستوى من التقدم في العلاقات لاجتماعية من ناحية، وبالتالي، من التأكيد على تلك الحرية الفردية المصانة بالقانون من ناحية ثانية، وهي بدورها تمنح الحق للفرد في أن يراجع عيادة نفسي، ربما تأكيد انتماء إلى المجتمع الجديد في تشكُّله.

(وقد سألني المعالجون الأسَريّون والممرضون والأطباء وغيرهم من مختصي أمراض النساء gynécologues إذا كنت واثقاً من الوجود العالمي لمثل هذا الحظر على سفاح القربى... وقد أخبرني مستشارو الزواج أنه وفقاً لهم، فإن القانون، أي حظر جريمة القتل وسفاح المحارم، لم يكن سوى مسألة محلل نفسي affaire de psychanalyste...؛ حيث جادل المحلل النفسي أنه، وفقاً له، يكون الزنا انتهاكاً للقانون in- fraction à la Loi، وبالتالي، هو على نفس مستوى خطورة سفاح القربى... لذلك دعونا نأخذ هذا السؤال الدقيق من خلال مثال..

2 جرائم القتل «صغيرة» مع ثقة الأسرة الكاملة..

تأتي السيدة ج، وهي معلمة، للتشاور مع ابنها سيجيسموند البالغ من العمر 13 عاماً، والذي يطرح مشكلات في التعلم المدرسي. وخلال مقابلة تمهيدية، أتعرف على وجود كلورينث Clorinthe » 16 سنة»، شقيقة سيجيسموند فضلاً عن زوج الأم beau-père ستتم دعوتهم إلى المقابلات العائلية. ينسحب زوج الأم. وخلال هذه الجلسة الثانية،

أخبرتنا كلورينث أنها تتأثر بزوج والدتها وأنها لا تريد رؤيته بعد الآن. وعندما أخبرت كلورينث هذه الحلقة، انفجرت والدتها في البكاء لأنها - بالفعل - انفصلت عن زوجها الأول وأبيها كلورينث، والذي أساء إليها: لم يتم تقديم شكوى إلى المحكمة. وفي وقت لاحق، تخبرنا السيدة ج أنها قد تعرضت للإيذاء الجنسي من قبل ابن عمها وأن أمها قد منعتها من التحدث إلى والدها - الذي «إذا قلت له ذلك، سيموت!»... سرعان ما يمكن اقتراب «سر» ثان في هذه العائلة: السيدة ج. مدمنة على الكحول وأطفالها يعانون...).

لكم تخيلت المجتمع الذي أعيش أو أنتمي إليه ثقافياً، وذلك البون الشاسع الواسع بينه وبين مجتمع «العيادة النفسية» في الغرب تحديداً، والقوانين الموضوعة في هذا الجانب، وسرديات الأعراف المقامة أو المعتمَدة في مجتمعي أنا، لأن الموضوع ببساطة، ينتمي إلى مجتمع يعتبر نفسه كلأ موحداً، قد ينتهي في الإشارة إلى جرْم كهذا أكثر من كونه جرْماً، بما أنه غير مسبوق، أو لا تصريف له في خانة «الجرائم» والتي ينظَر في أمرها، ومعالجة أمرها. من العائلة وإلى العائلة، يكون خط التحرك الرئيس، لكن العائلة، بمفهومها الحديث، لم تشهد ولادتها للاعتراف بها.

ذلك يستدعي إلى الذاكرة، ما شهِد به أحد المفكرين العرب والمشتغلين في حقل التحليل النفسي، إذ يقول مشيراً إلى نظرة المجتمع العربي للمحلل النفساني (أنطلق من خبرتي الخاصة، من خلال اشتغالي بالتحليل النفسي في لبنان خلال إحدى عشرة سنة. هناك تصوران: تصور العارف بالموضوع، وهو الطالب، ويطلب التحليل النفسي «أي الرجل المثقف»، وهناك الأكثرية الساحقة التي لا تعرف شيئاً عن الموضوع، وتنظر إلى المحلل بنفس الصفة والخشية اللتين تنظر بهما إلى الشيخ الذي يتكلم في السيطرة على الأرواح الشريرة. ولكن سرعان ما يتبدد الوهم،

ويتبين لهم أن العلاقة هي علاقة عقلانية مرتبطة بتاريخ، وليس بالوراثيات الغامضة. هنا يتبين لهم فاعلية سحر الكلمة التي تنطلق وتعبّر عن الحقيقة، فالمجتمع العربي لم يتمكن حتى الآن من تدجين الأرواح الشريرة التي يعدها مصدراً للأذى والخوف. فالعالم الخيالي كما هو، جانب مثير «منبع للذة والخير»، وله جانب مخيف «منبع للشر والضرر»، ولا يمكن السيطرة عليه، لذلك نحيطه بالعديد من القوى التي تهيء له الحماية..2).

أشير هنا، إلى موقع العيادة النفسية في المجتمع المعتبَر تقليدياً، إذ ليس من تفاهم/ تناغم بينها وبين مجتمع كهذا. في الأولى، يتطلب الوضع تواجد مجتمع منفتح، حيث يُحتفَظ بالسر، وهذا هو الجانب الأهم في ملف «القضية» السر الذي لا يباح به خارجاً، أو لا يُخشى منه. بالعكس، إن مراجعة العيادة النفسية تفصح عن رغبة المراجِع في أن يكون مندمجاً في مجتمعه، وهذا يفرِح الجهات المعنية، وكما هو حال التأهيل النفسي، فالتحليل النفسي يكون ركيزة مؤثرة في سيرورة المجتمع الغربي انطلاقاً من تعقيداته، وذلك غير موجود في مجتمعنا، حيث إن مجرد إعلان «لافتة» على بناية ما «عيادة التحليل النفسي» يثير السخرية، إذ يعتبر مراجعوها مجانين، دون الفصل بين المجنون العضوي، والآخر: النفسي، والذي يتطلب جلسات سريرية، أو معالجة نفسية، كما هو المعالج الطبيعي «العضوي»، وأي كشف عن شخص كهذا، قد يثير بلبلة في وسطه، وتحديداً حين يكون من «عائلة» معروفة، وكون الإجراء مرتبطاً بمجتمع كما هو الاسفنج، يمتص ما يقال له إلى داخله، وسرعان ما يجعله خارجاً، أو قد يساء إليه عموماً، على أكثر من صعيد، وفي حالة كالتي نتعرض لها، فإن الموضوع يتعدى كونه بحثاً نفسياً فردياً، إنما هو اجتماعي، يهز الأعراف والتقاليد وحتى «المؤسسة» الدينية.

3 سفاح القربى، وكشف ارتباك التفكير..

...la confusion de penser

هنا نرى الديناميكية عبر الأجيال من الاعتداء الجنسي المتجذر abus sexuel qui s’enracine في حماية الراشدين... في الواقع، تفضل والدة السيدة ج «حماية» زوجها ووالد طفلهما. على حساب هذا الأخير. ونتيجة لذلك، تحمي الأم نفسها عن طريق الدفاع عن تكوينها «النرجسي» sa construction « narcissique، مما يعكس صورتها للأم، المرأة والزوجة de femme et d’épouse. وفي الواقع، فإن زوجها يقلل من وضعية الرضيع غير القادر على الدفاع عن نفسه:

«إذا قلت له: سيموت»! وهكذا تخلط الأم مع معنى المحرم وتلقحه مع ابنتها التي - من خلال الحاجة إلى الحب - لا يمكنها الهروب منها. ولم يعد الآباء هم الذين يجب أن يحموا أطفالهم ولكن العكس هو الصحيح: يجب أن يحمي الأطفال والديهم وإلا سيموتون! وبالتالي، لم يعد الحظر سفاحاً للسفاح، بل أصبح «يصب « على والده ووالدته ويقتل - الألم الحقيقي l’inceste mais devient faire « mal » à son papa et à sa maman et les tuer - pour du vrai - de douleur...!

تصبح كلمة الطفل قاتلة وكلها قوية - حقيقية! وهكذا نجد جوهر سفاح القربى: بعكس الزمن والمكان والمعنى. يحيط الالتباس بمسألة الحياة والموت، التي تحمل أبعادها الوهمية، التي يحرضها الوالد، على حقيقة الموت. وفي مثالنا، تنقل الأم أيضاً، في شكل قاعدة «غامض occulte» حقيقة أن الطفل الذكر لا يصبح أبداً راشداً وحامياً لأطفاله: الأب هو أحد الوالدين، وفي نفس الوقت هو صبي صغير في المؤخرات القصيرة الضرورية التي لا تحمي كل شيء من الموت. وتصبح زوجته (أي والدة

السيدة ج) «أمها» ويجب أن تحميه بشكل شرعي! يُحكم على الطفل الذي يجب عليه حماية والده من الوفاة الخاصة به بموت نفساني، لأنه يُصادق على وظيفة ليست له. ومن هذا الارتباك في الزمان والمكان، تمكنت السيدة ج من المغادرة، واختارت لنفسها الولاء العائلي من الشركاء الصغار. ويمكنها فقط تدريب أحفادها على التكرار بموقع القاتل قهراً autant mortifère que compulsive. ويوضح هذا المثال أيضاً تلوث الفكرة التي تنتقل إلى الأقارب. لم يعد سيجيسموند ينظم أفكاره: كل شيء متروك بلغة مزدوجة. لم يعد يستطيع التعلم في المدرسة.

إن حظر الكلمة التي يسببها الوالد - لتجنب الموت - لا يؤدي إلا إلى تمرير الفعل إلى ما هو ميت «في الرأس». وأعني بهذا أن الاعتداء الجنسي لا يقتل الناس: فهو يظل غير مرئي و «يقتل» الفرد في روحه وقدرته على التفكير son âme et sa capacité de se penser.).

نكون هنا إزاء مسألة عائلية ذات تداعيات، يمكن تعقبها في مساحة جغرافية «نفسية» واسعة، وكيف يكون موقع الطفل في عائلة كهذه، كيف تنتظم العلاقة بينه وبين والده الفعلي، إذ إن أي بلبلة في سيستام الزواج بالمفهوم المتعارف عليه، تعني تغييراً بنيوياً، وخطيراً في نظام الإرث، وفي النظرة القائمة بين الأبناء والآباء، والأمهات في المتن. ذلك بحث في غاية الخطورة والقيمة جهة الطرح والمتابعة، ولا بد أن إمعان النظر وبدقة في بنيانه، يكشف عن هذه الخطورة. كيف يمكن تقدير العلاقة بين أفراد عائلة تتعرض لـ»خرق» كهذا؟ حيث إن الخرق هذا يحال على جهة قضائية وتشريعية، وتكون له ذيول أو تبعات، ولا يكون هناك هناك حْكم إلا باسم قانون ناظم، ولا بد أنه لا يعني فرداً واحداً، وهكذا.. الأمر الذي يوجِب المزيد من التروي في التعامل مع «معروض» له خلفية تاريخية، دينية، اجتماعية ونفسية، ولا يؤخَذ به في ذاتيته بالتأكيد، بمقدار ما يتحول الناظر: النفسي، في الحال إلى الآخر داخله، وهو شطره الاجتماعي، وتبعاً لأي مستند يشرّع

لما هو نفسي أفصح عن نفسه في واقعة «هتْكية» وأتت «أكُلها» وهي «مُرَّة» مقارنة بما هو قائم، أي يؤدي ذلك أحياناً إلى عقد جلسات، والدخول في مناقشات وحوارات، ومراعاة مصالح لا يغفَل عنها بالمقابل. وهذا يدفع بالوالديْن إلى مزيد من ضبط النفس، وتوقع ما يمكن أن يحصل لحظة التفكير فيما هو متعلق بـ «سفاح القربى»، والتأثير الذي ينوّه إليه لا يعود في مقدور المحلل النفسي ذاته ضبطه على طريقته، وإنما وفق ضوابط لا يمكنه «خرقها» بدوره. ذلك ما يقودنا إلى مساءلة الحظر المذكور ونسَبه العالمي

مسألة سفاح المحارم وحظرها العالمي

La question de l'inceste et sa prohibition universelle

1 تحديد اللهجات والتلميحات الأنثروبولوجية

Accents définitoires et relents anthropologiques:

يطرح السؤال التمهيدي لهذا النص ما هو المقصود من مصطلح سفاح المحارم والواقع الافتراضي لحظرها. علاوة على ذلك، هل يتم حظره عالمياً أو محلياً، بشكل عشوائي؟ كيف نفهم المعنى؟ زنا المحارم Incestus مشتقة من اللاتينية (غير عفيفة)، وتشير إلى «العلاقات الجنسية التي تنطوي على حظر الزواج» (وبستر). وينطوي هذا التعريف على سؤالين على الأقل: الأول يتعلق بوظيفة الزواج وقيوده المحددة في القوانين؛ الثاني يتحدى السبب الرئيسي لوجود مثل هذا القانون.

إذا كان الزواج محدداً تقليدياً، من خلال «الاتحاد الشرعي لرجل وامرأة» (بيتي روبرت)، يبدو أنه تم إنشاؤه من قبل الرجل لحماية طول العمر. ترتبط هذه المتانة، التي تخضع لعلاقة جنسية مغايرة خصبة، بسلعة المواد المادية التي، وفقاً للفترات الاجتماعية والتاريخية، التي ترتكز على

التمثيلات، تقوي بقاء الفرد في مجموعة اجتماعية معتبرة. وهكذا، فإنه من الأفضل حسب بعض التصورات، أن تتزوج ابنة أحد المزارعين الجارين الثريين، أكثر من «قحة» القرية... كما أنه من الأفضل أن تتزوج خريجة جامعية صغيرة من فنانة مدبوغة وعفوية...

الزواج لن يكون ذا قيمة إلا إذا صادقت عليه الكنيسة... وهكذا فإن حظر بعض الزيجات يأتي للتساؤل حول قدرة البقاء - خيالية أو حقيقية للفرد - لمجموعة من المعاهد الاجتماعية من خلال هذا القانون. ويستند إلى معرفة أن العلاقة الجنسية بين شركاء من الجنس المختلف وبعد أن بلغوا سن الخصوبة، هي أفضل طريقة تبقى لإنتاج إنسان - في صورتهم - حتى يكونوا (الوالدان، المجموعة الاجتماعية). ولهذا السبب يفترض سند الزواج - وهو ما يمكن للمرء أن يقوله في الوقت الحاضر - عدم قدرته على التدمير الزمني. ويشير حظر بعض الزيجات إلى أن الطفل المولود من علاقات جنسية معينة يضر ببقاء الفرد والجماعة الاجتماعية التي يأتي منها: أي إن هؤلاء الأطفال يمثلون الموت ووقف التاريخ بدلاً من الحياة واستمراريتها. إذا كانت علاقات القرابة التي تحظر الزواج تتقلب على مر الزمن والمناطق، فإن أي مجتمع يفرض حظراً على بعض الزيجات، التي يكون لها وضع ثابت: اتحاد أحد الوالدين مع الطفل الذي يولد من دمه.

وإذا سمحت بعض الجمعيات للإخوة الجنسيات الأخوات، فمن الأساسي أن توحدَ الإخوة أو الأخوات (حالة الفراعنة مع العديد من المحظيات) وهذا، داخل المنظمات الاجتماعية بشكل خاص صارم. ويجب أن نذكر أيضاً احتمال ظهور شعور المحارم في علاقات جنسية معينة، على الرغم من الطبيعة القانونية للوحدة le caractère légal d’une union. وكمثال على ذلك، فإن وودي ألن، الذي تزوج «ابنة زوجته»، هو

في الواقع ابنة ميا فارو بالتبني، التي كانت رفيقته لسنوات عديدة، وتحث - مع البعض - على هذا النوع الشعور بالإحباط réprobatoire.

وفي هذه المرحلة، فإنه حتى نتمكن من المضي قدماً في ذلك، فإن سفاح القربى يعرف الحظر الشامل للوجود، من خلال وضع ترسيم الزواج قيداً على أصل الإنسان الذي هو المطلق: الجنس بين الوالدين والطفل. يبدو أن هذا الحظر قائم على تمثيل الحياة والموت الذي اكتسبه الإنسان والحاجة الواضحة إلى عدم إيقاف التاريخ. ولا يمكن أن يقتصر ذلك على الوصول المفترض للتغيير الجيني ولكن على «نوعية» الارتباط مع الآخر حيث يتم إطفاء تمثيل الحياة لصالح الموت. وبعبارة أخرى، في حالة ولادة الطفل، وثمرة زنا المحارم، يكون لدينا المزيد من الآباء والأمهات مع سلوك «مجنون» ومسيء للغاية، وهو التعديل الوراثي «الفحوص الطبية لأفواج الأطفال المولودين من سفاح القربى وهم يكشفون عن ارتفاع معدل الوفيات. سوى أن التحليل السيميائي Mais l'analyse sémiolo- gique لهذه الأمراض يظهر أن التغيرات العضوية تعزى إلى الاضطرابات الارتباطية (الجفاف، نقص التغذية، العدوى، الحوادث) بدلاً من الأمراض المنقولة جينياً.

2 من الأنثروبولوجيا إلى النقش في أسطورة الخلق الأولمبي

De l'anthropologie à l'inscription dans le mythe olym-
pien de la création

ومع ذلك، إذا مورس حظر سفاح المحارم بعمق، وتم تفهُّمه في الجينات على أنه فطري، فلماذا يتم منْعه pourquoi l'interdire? يشكّل عالم الأنثروبولوجيا فريزر، المعاصر لفرويد، انعكاساً جريئاً في فجر القرن التاسع عشر: «ليس من الواضح لماذا تحتاج غريزة إنسانية عميقة

الجذور إلى تعزيزها بقانون. لا يوجد قانون يأمر الإنسان بتناول الطعام والشراب أو منعه من وضع يديه في النار». وهكذا فإن فريزر يسلط الضوء على الحاجة القهرية besoin compulsif للرجل للقتل (وبالتالي حظر القتل d'où l'interdit du meurtre) وارتكاب الزنا المحارم. وإذا كان فرويد قد استخدم هذا التأمل لإدخال عقدة أوديب في عملية تحديد الهوية processus d'identifications، فإنه يجمد الطفل في دوره في الكشف عن دافع ارتكاب المحارم القاتل impulsion incestueuse من خلال التصعيد بالنظرة: نظرة الطفل إلى الوالد.

ونتيجة لذلك، فإنها تعفي الوالدين من إصدار تعليمات بشأن قتل الأطفال سفاحياً تحسباً لولادة الطفل. ومع ذلك، فإن قصة سوفوكليس لأوديبوس ريكس تنور حول هذا الموضوع. لماذا ستقتل الأم (جوكاستا) والأب (لايوس) ابنهما أوديب؟ ببساطة شديدة، لأن أوراكل توقع أنه إذا كان لديهما طفل، فإنه سيقتل الأب وينام مع أمه.

وبالتالي فإن قتل الأطفال هو بقاء مهمة أساسية للوالدين! ومن ناحية أخرى، فإن لدى جوكاستا علاقة جنسية مع رجل - أوديب - لا يمكنها أن تتجاهل تشابه السن مع ابنها الذي قتلته. محرك الطفولة، الذي، قبل تسلسله الزمني، يسبق الأول المذكور. علاوة على ذلك، يكشف تحليل أوديب عبر الأجيال عن التكرار القهري لقتل الأطفال وسفاح المحارم في أوليمبوس من قبل Gaia (أم المنشأ) الذي يولد ابنها ذاتياً، بفضل (Ouranos).

هذا الشخص يصبح عشيقها ويحاول القضاء على أطفاله من أجل البقاء بمفرده و في غايا، زوجة أمه. أما سفاح القربى مع ابنه أوديب، وهو سليل بعيد عن الزوجين المحظورين من غايا - أورانوس، فيتمتع بميزة لا لبس فيها من المكياج. وفي الواقع، فإنه بالإضافة إلى عدم معرفتها بعمرها لتكون الأم التي تأتي إليها، تصبح جوكاستا جدة أطفالها (بولينيتش،

إيتوكلي...) عبر أوديب، بينما تكون أمهم: حالة تجعلها أصغر من ذلك بكثير بالنسبة إلى الجدة. إن أوديب هو الأخ غير الشقيق لابنه Polynice... وإذا كان Polynice شقيق Eteocles، فإن هذا الأخير بدوره عمه لأنه الأخ غير الشقيق demi-frère لـ Oedipus... وباختصار، فإن ممارسة زواج المحارم تخلق ارتباكاً للزمن والقرابة داخل الهياكل الأسرية. تمارس القرابة «قفزة» ثابتة تهدف إلى الشباب الأبدي. لا أحد يعرف من هو، لأن كل شخص يستطيع أن يؤيد واحداً أو أكثر من مواقع القرابة: سفاح القربى يؤدي إلى التعدد داخل الجرم. هذه الخاصية في فجر ما يسمى باللغتين المزدوجتين أو المتناقضين في تجميد اللغة في روابط ثنائية doubles liens. على الرغم من أنه لا مفر منها مع الإنسان، إلا أنه يمكن أن يربط الروابط الأسرية بشكل كبير للغاية وبالتالي ينجب عائلات المحارم والذهان psychotiques.

كما يظهر، فإنه في كل من النسخة الأسطورية وفي المثال السريري المقترح clinique proposé، نجد أن ممارسة سفاح القربى تحمي الوالد من موته من خلال أداء خفة اليد من أجل تجديد شباب نفسه. وهكذا يمثل سفاح القربى حماية متناقضة إزاء «التمثيلات» للموت الذي لا يمكن تصوره والذي يواجهه الآباء. هذه، من أجل تجنب المعاناة التي تحملها هذه «التمثيلات représentations»، تلوث نفسياً وبدنياً الطفل الذي لا يستطيع الهرب. لذا من الضروري أن نعتبر أن الدافع الأول لسفاح المحارم، من جهة، يكمن في الطابع الذي لا يمكن التفكير فيه لما بعد الموت. ومن جهة أخرى، يتم إدخال هذا الدافع من قبل الوالد الذي، في حيّز زمني غير مشكوك فيه tempore non suspecto، موجود في الواقع أمام طفله الخاص.

ما أسميته مجمع لابداسيد، في إشارة إلى الخط الملكي الذي ينتمي إليه أوديب، يقدم فكرة وجود قتل أطفال ومنزع من أصل أبوي pulsion infanticide في وقت أبكر من ذلك الذي كشف عنه مجمع أوديب. وللتذكير، فإن هذه القراءة التحليلية تأخذ بعين الاعتبار ظهور حملة من المحارم والقوارض من أصل طفلي، وتدعو إلى الحظر الذي فرضه الوالد. وفي الواقع، هذه النسخة الأوديبية تفلت من التسلسل الزمني، وعكس الزمن، وتديم حماية الآباء والأمهات مع الحد من معنى حملة التكرار المحرم. وإذا اعتبرنا - على العكس - أن الآباء سيحصلون على دوافع محرجة لأنهم لم «يقرّوا réglé» أوديب الخاص بهم، يجب أن نعتبر ذلك في قمة الهرم الأوديبي trône Oedipe، ليعني الطفل.

في هذا الصدد، لا يسعنا إلا أن نستنتج أن مجمع أوديب المتوخى في التفرد الزمني الزماني الخاص به، لا يمكن إلا أن يؤدي إلى عملية مشابهة ضخمة (يصبح الطفل أصل والده)، حيث إن الطفل لا يستطيع ذلك، خلاف ذلك، لا يصل البتة إلى مرحلة الكبار...).

المضي قدماً يبين «مأثرة» سفاح القربى في مجتمع له تاريخ طويل، وضاربة جذوره في أعماق المقدس، وما له من علامة فارقة دينية، يكشف لنا عن مدى انكماش الدنيوي تحت وطأة الديني، إذ إن مفهوم الحظر لا ينظَر في أمره بوصفه خرقاً، هو طعنة رمح، أو سكين، أو رصاصة...إلخ، إنما تعدّ على الحق الإلهي المودَع فيه، ويعني ذلك بأكثر من معنى، استحالة تداوله، أو عرْضه للنقاش، ومن الصعب ربط المقدس بالمجتمعي/ بما هو مادي، لأننا في الحالة هذه نتعايش مع ما هو وضعي، مع القانون، أو الدستور، أو الفتاوى ذات الصبغة الدينية، لكنها مأخوذة بسلطان زمني.

ولعل سحب السلطة التفويضية بالحكم على أي خرق في هذا المجال، من قبل أي جهة، دون الارتكاز إلى بنية قدسية، يعَد انتهاكاً لا يُسكَت عنه، ومن ثم، فإن ذلك يبيّن لنا مدى نباهة الذين أصّلوا الحظر في بعد ديني رئيس، ورفعوا من شأنه، حيث أحالوه إلى ما هو متعال،

إلهي، ليكون بمثابة النقل/ القطعي، المؤبد، وهذا من جهته يضيء وجود أكثر من ثغرة في تكوين المجتمع وما كان/ يكون فاعلاً في وجوده كمجتمع، وليتقاطع مع كل تفسير موصول بالأسطوري، أي بأوديب، إنما يقلِب القاعدة، بجعْل الأسطوري: الأوديبي موصولاً بالقدسي، وقد أخذ كمال صورته في المقرَّر الديني، وهذا يجعل من أي محاولة تدخل في مكاشفة مكونات الموضوع، إشكاليته، أو مناقشته دخولاً في متاهة، بأكثر من معنى.

تفيدنا ماري دوجلاس، ذات المكانة الأنثروبولوجية في هذا الجانب كثيراً، أي ما يبقي الحظر من اختصاص المقدس نفسه، حين تقول (الخاصية الثانية للمقدس، هي صعوبة تفسير حدوده لأنها متضمنة في الضمير الجمعي وفي الرأي الجمعي الذي يعمل على حمايته. ومن ثم فإنه يمكن التفسير النهائي للمقدس بأنه يأتي على شكل هذه الطريقة التي بها صنع الكون ولأن المقدس والخطر حقيقة وواقع يشيران إلى ذلك.)3.

ألسنا نجد أنفسنا في هذه الدائرة الهائلة الاتساع، وهي مثقلة بأقطار وأوتار تعزيزاً لفكرة الحظر المذكور؟

(حظر سفاح المحارم كمحدد للمساحات النفسية)

La prohibition de l’inceste comme circonscripteur des espaces psychiques

بينما يشير سفاح المحارم أكثر من المعتاد إلى العلاقة الجنسية داخل العائلة أو الأقارب الذين ينتهكون القانون، إلا أنه يمثل - جميعهم - انعكاس غياب: الرمز. ومع ذلك، ما هو هناك يرمز إلى هناك؟ في جميع الاحتمالات، «بعض الشيء quelque chose « والتي تهم الحياة والموت وتخضع للفراغ والزمان. وهذا يعني أن هذه الرمزية لا تزال قائمة

في محاولة لتحديد موضوع يمكنه التحدث مع ما يمكن إدراكه وتسمية «الآخر». ويبدو لي أن حظر سفاح القربى يجتمع مع الحياة الإنسانية اليومية. ويتحدانا هذا الحظر يومياً لأنه يشكك في قدرتنا على وضع أنفسنا أمام «الآخر»، وبالتالي يسألنا عن الوصول إلى كلمة مميزة في وجه «الزوج الزوجات» l'épou(se)x، الطفل فتاة أو فتى، الوالد، زميل، مؤسسة..

في الواقع، فإن واقع سفاح القربى يسلط الضوء على حقيقة أن المواقف الداخلية غير مقيدة أو متقاربة أو متقابلة. هذا الغياب من ترسيم الحدود يتوافق مع تجنب الوالدين أو عدم القدرة على التكيف مع الوقت الذي هم فيها. هذا يؤدي إلى ذرية الهرولة الصدغية التماس ديمومة المرور إلى الفعل من أجل العثور على مواقف غير مرضية إلى حد ما.

إن كتابة الوالدين في الزمان تطلب من الزوجين الإنجابيين التوفيق بين مسألة الموت غير المعقول من أجل إعطاء معنى للحياة، وذلك تحسباً للطفل. وأخيراً، فإن عدم قدرة الوالدين على تحديد المواقف المكانية والزمانية لجميع الأطراف الفاعلة في الأسرة، يصاحب ذلك عدم القدرة على التفكير في هذا الموضوع. ويؤدي ذلك إلى صعوبة كبيرة في التفكير في الارتباط بـ «الآخر» الذي يكون، في هذا الجهاز، ذا طبيعة متقلبة. إذا كان الفعل من سفاح القربى يظهر التخفيف من مواقف المكانية والزمانية داخل الأسرة بسبب عدم القدرة على التفكير في العلاقة بأنها كانت غير قادرة على تتبع رمزية تمر بألم الاختلافات traverser la douleur des différences، حيث حظرها ناقل رئيسي من أجل الحد من المواقف داخل الأسرة مع مرور الوقت والتفكير في الاختلافات والارتباط. يظهر حظر سفاح القربى بطريقة ناقلة أساسية من أجل تحديد مساحة نفسية مقابل أخرى. يتم تعيين هذا الحد فيما يتعلق بحصر الوقت والفرق بين الجنسين. وفي ضوء ذلك، فإن حظر سفاح المحارم يعمل بشكل دائم: فمن المستحيل حتى الهروب لأن كرونوس يفعل ذلك

من أجلنا. الوقت الذي يمر من خلالنا يحشد موقفنا في الوقت المناسب وبالتالي في مواجهة «الآخر» l'autre «vis-à-vis de»..

نحن لا نتوقف عن محاولة ترسيم أنفسنا أمام «الزوج- الزوجات x»، الأطفال، الآباء، الجيران، الأصدقاء، الزملاء، المؤسسات... حتى يضيع الأمل هناك، ومع ذلك، يستند تكوين المصفوفة من المواقع الزمانية المكانية على تكامل الأسرة من المحرمة، متحركة من قبل الآباء والأمهات الذين يتحملون دور الموصل. إنهم هم الذين سيواجهون هذه المهمة الصعبة لمواجهة وفهم تلميحات ما لا يمكن تصوره لتحويلهم إلى روابط حياة. والرمزي، هم الذين - في المقام الأول سيكون عليهم إدخاله من خلال الكلمة، ترجمة قدرتهم على استقلاب الشعور. هذه الكلمة، قادمة من «داخل» ومودعة «خارج»، والتي تقدم نفسها على شكل فاصل وتسمح بوجود فوارق، خلاف، لا شيء، العدم.

يمنع حظر سفاح المحارم، عندما تتم الإشارة إليه بواسطة كلمة الوالدين ويتصرف بتماسك كاف، الوصول إلى الاختلاف، ويفتح الطريق إلى الآخر ويتجنب عدم التفرقة. ولهذا السبب سينشأ فعل سفاح المحارم: عندما، في الأسرة، لم يتم تسمية الأماكن ولا تكون محترمة ولا محترمة... عندما لا يتم ذكر الاختلافات ولا الاحتفاظ بها في التماسك الكافي... عندما لا يعني الكلام أي شيء، لأنه يريد «قول كل شيء»... عندما لا يمكن تحديد أي شيء في وقت، لأن الوقت لم يعد أكثر أكثر، كونه يتداخل مع الأبدية se confond avec celui de l'éternité...).

أتراه أحكم الطوق على بني البشر بفرمان حظر المحارم، أم أنه أنذر بالنتائج الوخيمة المترتبة على فعل السفاح؟

إنها الكلمة الموجهة إلى الوالدين قبل كل شيء، ومن يعيش في كنفهما، لكن المسؤولية تنحصر فيهما، كون الطفل يتعرض للتأثير القادم منهما أو من أحدهما، كما لو أنهما يحددان هذا المصير بنفسهما، كما لو

أنهما يحيلان الطفل نفسه إلى ضحية فجلاد لهما عندما يكبر، وهو يحمل بين جنبيه صورة غير مقبولة. لكن هل يمكن البت في مصير سفاح القربى، وإلى أين يمكن أن ينتهي في ضوء المتحولات العالمية والتقنيات الكبرى، وتلك المنشطات الشديدة الأثر في بنية الجسد؟

ذلك مرهون بالطريقة التي ينظَر فيها إلى المجتمع، ومدى الحرص على سويته، في الوقت الذي يشار إلى ما بات يعرَف في أكثر من مكان بـ «أدبيات سفاح القربى»، وحتى شرعنة بعض سلوكياتها. ذاك تحد عالمي، لكنه التحدي المضاعف الذي يتهدد جملة المجتمعات التي ما تزال تراهن على سلطة المقدس، بينما تشهد تنامي «المدنس» فيها، وبتفاوت!

إشارات

1. L'inceste, Monsieur, êtes-vous sûr qu'il soit vraiment» interdit...? «ww.maisonmedicale.org, juillet, 2006
2. حب الله، عدنان: خواطر حول التحليل النفسي في المجتمع العربي، ضمن كتاب: التحليل النفسي والثقافة العربية- الإسلامية، تأليف جماعي، دار بدايات، جبلة، سوريا، ط1، 2008، ص 118.

قارن بين مقولة عدنا حب الله، وما استشعره الشاعر الراحل نزار قباني، في قصيدته المشهورة «خبز وحشيش وقمر» والتي كتبها سنة 1955 ونشرها في مجلة الآداب اللبنانية، وأثارت ردود أفعال واسعة

عندما يولدُ في الشرق القمرْ..
فالسطوحُ البيضُ تغفو
تحت أكداس الزَهَرْ..
يترك الناسُ الحوانيت ويمضون زُمَرْ
لملاقاةِ القَمَرْ..

يحملون الخبزَ.. والحاكي..إلى رأس الجبالْ
ومعدات الخدَرْ..
ويبيعونَ..ويشرونَ..خيالْ
وصُوَرْ..
ويموتونَ إذا عاش القمر..
ما الذي يفعلهُ قرصُ ضياءْ؟
ببلادي..
ببلاد الأنبياءْ..
وبلاد البسطاءْ..
ماضغي التبغ و تجّار الخدَرْ..
ما الذي يفعله فينا القمرْ؟
فنضيع الكبرياء..
ونعيش لنستجدي السماءْ..
ما الذي عند السماءْ؟
لكسالى..ضعفاءْ..
يستحيلون إلى موتى إذا عاش القمرْ..
ويهزّون قبور الأولياءْ..
علّها ترزقهم رزّاً.. و أطفالاً..قبورُ الأولياءْ
ويمدّون السجاجيدَ الأنيقات الطُرَرْ..
يتسلون بأفيونٍ نسميه قَدَرْ..
وقضاءْ..
في بلادي.. في بلاد البسطاءْ..
***
أي ضعفً وانحلالْ..
يتولاّنا إذا الضوء تدفقْ
فالسجاجيدُ.. وآلاف السلالْ..
وقداحُ الشاي.. والأطفالُ..تحتلُّ التلالْ

في بلادي
حيث يبكي الساذجونْ
ويعيشونَ على الضوء الذي لا يبصرونْ..
في بلادي
حيث يحيا الناسُ من دونِ عيونْ..
حيث يبكي الساذجونْ..
ويصلونَ..
ويزنونَ..
ويحيونَ اتكالْ..
منذ أن كانوا يعيشونَ اتكالْ..
وينادون الهلال:
« يا هلالْ..
أيُّها النبع الذي يُمطر ماسْ..
وحشيشياً.. ونعاسْ..
أيها الرب الرخاميُّ المعلقْ
أيها الشيءُ الذي ليس يصدَّق»..
دمتَ للشرق..لنا
عنقود ماسْ
للملايين التي عطَّلت فيها الحواسْ
***
في ليالي الشرق لمَّا..
يبلغُ البدرُ تمامُهْ..
يتعرَّى الشرقُ من كلِّ كرامَهْ
ونضالِ..
فالملايينُ التي تركض من غير نعالِ..

والتي تؤمن في أربع زوجاتٍ..
وفي يوم القيامَةْ..
الملايين التي لا تلتقي بالخبزِ..
إلا في الخيالِ..
والتي تسكن في الليل بيوتاً من سُعالِ..
أبداً.. ما عرفت شكلَ الدواءْ..
تتردّى جُثثاً تحت الضياءْ..
في بلادي.. حيث يبكي الأغبياءْ..
ويموتون بكاءْ..
كلّما حرَّكهمْ عُودٌ ذليلٌ.. و «ليالي»
ذلك الموتُ الذي ندعوهُ في الشرقِ..
«ليالي». وغناءْ
في بلادي..
في بلاد البسطاءْ..
حيث نجترُّ التواشيح الطويلةْ..
ذلكَ السُّلُّ الذي يفتكُ بالشرقِ..
التواشيح الطويلة..
شرقنا المجترُّ..تاريخاً
وأحلاماً كسولةْ..
وخرافاتٍ خوالي..
شرقُنا, الباحثُ عن كلِّ بطولةْ..
في أبي زيد الهلالي..

3. التحليل الثقافي، تأليف جماعي، تحرير: روبرت وشنو وآخرين، ترجمة: فاروق أحمد مصطفى وآخرين، مراجعة وتقديم: أحمد أبو زيد، الهيئة المصرية العامة للكتاب، القاهرة، 2009، ص 172.

سفاح القربى وثالوث الشبهات:

غرفة النوم، المطبخ، الحمّام

(ملحق)

«سيان عندي من السماء هبطت
أم من جهنم صعدت
يا وحشاً هائلاً مخيفاً بريئاً
لو أن عينيك وابتسامتك وقدميك
لو أنها كلها تفتح لي أبواب اللانهاية
التي أحبها ولم أعرفها مطلقاً
سيان عندي أجئت من شيطان أم جئت من إله
أيها الملاك ـ أيتها المرأة الفاتنة
أيتها الجنية المخملية العينين
أيها الإيقاع ـ والعطر والبريق
يا مليكتي الوحيدة ليت يديك
تجعلان العالم أقل بشاعة
والثواني أقل ثقلاً»
بودلير: أزهار الشر، ص 24

سيتردد هنا الكثير من الكلام، لكنه الكلام الذي يُسمّي ما يُرى، دون أن يشار إليه كما هو مرئي، كما لو أن الكلام نفسه مدرِك لتلك السلطة التي تملكته من جهة المحظور. فكم نشاهد من أجساد شبه عارية، ونقدّر حمولة الفتنة فيها، أو الإغارة الشعورية الشبقة على متخيلنا، ندرك ما وراء الخفيف والمحدود من اللباس، لكننا نكاد نكذّب أعيننا، سعياً إلى ضبط أنفسنا هنا وهناك. أما وأن نضمن بقاء المرئي المثير لما هو شهوي لأمد محدود، فهذا ما لا يمكننا الجزم فيه. هنا نعيش تلك الحروب الكبرى التي تصلنا بخاصية المقاومة النفسية لنفسها، التزاماً بقواعد المأثور من حظر سفاح القربى!

نحن الآن في الخلوات المثيرة للشبهات، أو ما بات مثيراً لها، داخل البيت الواحد، ومن جهة أفراد العائلة الواحدة، حيث العلاقات القابلة لأن تنعطف، أن تخون عهداً ملموساً من خلالها: رفع الشبهات عنهم. أو اعتبار الاشتباه إثماً كبيراً، بالمفهوم الديني، جريمة يحاسَب عليها المتهَم، إنما، كيف هو الموقف إزاء المتردد عما يجعل الحظر مخترقاً؟ كيف يمكن التعامل مع هذا الدفق الدوري من «فضائحيات» عائلية، وما أكثر ما يعتَّم عليها، نظراً لهول الصدمة ونتائجها!

منذ متى كانت العائلة مقرَّرة في شؤونها وحضورها كما نعرفها اليوم، وذلك بمفهومها الأخلاقي السائد؟كيف تتقرر الكتابة عنها، وهي من حيث التاريخ تنسف كل اعتبار لما يُكتَب عنها، بما أنها تاريخياً ليست هكذا؟

الكتابة العائلية، الكتابة صنو العائلية طبعاً، الكتابة العائلة، ربما تقابلات ذات قيمة جمالية، لكنها تأكيدية على أن الكتابة أبصرت النور من رحم عائلي، سوى أن هذا الرحم الذي يتنكر له الذكور، لم يكن كما هو مكتوب عنه. العائلة التي تشكلت تاريخياً عاشت أصنافاً من صورها. ثمة إمكانية لكتابة تاريخ العائلة. كيف يتقابل أفرادها، كيف يجلسون، كيف يتوزعون إلى

نقاط قائمة في البيت الذي يضمهم جميعاً؟ ومنذ متى وضِعت حدود لهذه العلاقات؟ كيف أمكن للكتابة أن تتنفس، وأن ترعى شؤون العائلة، طالما أن الذي تمارس فيه حيواتها، متعها، مجونها، سردیات علاقاتها الداخلية، تناقضاتها، موتها وحياتها، أوهامها، وحقائقها، ما يتخلل هذه كلها من تناقضات، من تصدعات، وقابلية تحول وتغير...الخ؟ ذلك يرتد إلى حاضرة عائلية، حتى لو تنكَّر أحدهم لعائلته، لو نسف مفهوم العائلة، لأنه من حيث المنطلق «منتَج» عضوي عائلي.

سوى أن النظر إلى العائلة، ليس بالأمر السهل. إنها جغرافية هائلة الاتساع، وعلينا مراعاة ذلك لحظة دراستها.

فيما تقدَّم حتى الآن، يمكن لنا أن نميط اللثام عما هو مندغم في العائلة، في إطار سفاح القربى، فيما يحصل داخلها من خرق استجابة لمتع شديدة الكلفة. إنه عهر عائلي. ولكم ينفع التاريخ لو أننا كتبنا تراث العائلة من منظورر عهري، وماذا يكون هذا التراث، وكيف ينظَر إليه اعتماداً على متحولات الجسد والمجتمع الذي ينتمي إليه أو يُسميه.

إن كل ما أثيرَ يتطلب حضوراً كبيراً للكتابة، وفي موضوعات منفصلة، وفي أمكنة أخرى، أتينا على ذكره، في محاولة درس ما يحصل داخل العائلة، في إطار غشيان المحارم، أو سفاح القربى.

ذلك ما يحيل الموضوع إلى ما هو خلاعي. والخلاعي، مرتبط بالخلْع، أي ما يفقِد الشيء قوته، ما يشوّهه، أو ما يشير إلى مشكل قائم في بنية الموضوع. سوى أن الخلاعة في طابعها الجنسي معرَّف بها بالكثير من الموضوع.

هنا، أجدني معتمداً على ما كتب في هذا الباب «الخلاعة» والتي تكون البورنوغرافيا pornographie، إذ إن الذي يقدَّم في هذا المضمار، يكاد يغطي الكثير مما يشغل تفكيرنا، وفي سياقات شتى: لغوية، تاريخية، فلسفية وغيرها.

ماذا نقرأ في هذا الجانب عنها؟

(من وجهة اشتقاقية، تأتي كلمة pornographie من اللغة اليونانية، وتعني حرفياً «مكتوب يخص المومسات»، أي كل نص يصف حياة وأساليب وعادات المومسات والقوادين. اليوم، تغيَّر معنى الكلمة في المقابل، وعُرِفت الخلاعة بشكل عام كتصوير «بالكتابات، بالرسوم، باللوحات، بالصور» لأشياء فاحشة مخصصة لتصل إلى الجمهور. إن الذي مع ذلك لا يساعد كثيراً على فهم ما هي الخلاعة، هو الغموض ذاته في كلمة «فاحشة»)1.

في ضوء ذلك، بُذِلت محاولات كثيرة، لضبط هذا المفهوم، وبقي الغموض متلبسه، جرّاء المتغيرات الكبرى. حيث إن ربط الخلاعة بالتجرد من الحب وغيره غير كاف هنا. ليكون هناك اشتغال على الكلمة وسياقاتها ومجتمعاتها وأبعادها.

وما كان من ردود أفعال نسوية، باعتبار التأكيد على الخلاعة ووضع النساء في الواجهة، إيذاء لهن، وتبرئة ما لجنس الذكور، وبالتالي فإن الضرر يلاحق بالطرفين «ص 790 »، وهذا تظهر ضخامة الأثر وهوله.

سوى أن المهم بالنسبة إلينا هو المتعلق بما سُمّي بـ «المزايدة الخلاعية» وهي الأخطر في الوارد هنا، ولأهميته، حيث تُذكَر أرقام وجهات وطرق تغلغل أو البحث عن «زبائن» سهل تصيُّدهم، أورِد ما يضيء موضوعنا، بدءاً من ظاهرة انتشار الأفلام الخلاعية، وما كان لها من تأثير في تفجير رغبات الجسد، وترغيب الشباب خصوصاً على تكرارها:

أعقبت فترة «1975-1978» التي خلالها نصف الأفلام المنتجة تقريباً هي أفلام خلاعية، أعقبتها فترة تراجع: خضعت الخلاعية لتقييدات وأُبعدت إلى مجال X، ومنِعت عن القاصرين. لكن الأمر لم يكن سوى أمر تراجع ظاهري، تراجع يحضر الميدان في الحقيقة لانتشار فيلم X ومنفذ أسهل للخلاعة. وعلى هذا النحو، بثت قناة + canal في فرنسا أول فيلم X

لها «عرض» لجان فرانسوا دافي، وفي أعوام التسعينيات، أصبحت الخلاعة في متناول الجميع بالفيديو والإنترنت. ماذا نجد إذاً على شبكة الإنترنت؟ مذا تقدم هذه المواقع الخلاعية؟ ص 791).

قبل الانتقال إلى الجواب المقدَّم بشكل موثق حيث أرقام الأرباح هالئلة جرّاء ذلك، أنوّه إلى مدى خطورة أفلام خلاعية، أو تتضمن مشاهد خلاعية، وهي تخاطب مكبوتات الناس، وفي مجتمعاتنا بالذات حيث الكبت مضاعف، كما كانت الحالة مع موجة من أفلام شبيهة بما تقدم «حيث كنا نقيم في قامشلي، وذلك في تسعينيات القرن الماضي» أي علاقة بين الطرفين؟» إذ لم تبخل قنوات تركية، وفي الوقت الذي برز فيه التأثير الإسلام «حزب العدالة والتنمية مع أرباكان» وهي مفارقة كبرى بالتأكيد، ولكنها المفارقة التي تقصي الشيطان كلياً عن لعبة التهتكات الكبرى، وتلك الموجَّه إليها، حيث يبرَّأ الشيطان ذاك من كل التهم الموجهة إليه، عبر عرض أفلام مركّزة على استثارة مشاعر غريزية وإلهاء الناس عما كان يجري في تركيا، حيث المواجهة بين النظام التركي وحزب العمال الكردستاني PKK، وكوننا متاخمين للخط السياسي الحدودي التركي: مجاورة «نصيبين»، فإنه كان يسهل التفرج على أفلام كهذه، إلى درجة أنها كانت حديث الجميع، وألهت الكثير من الناس، وليس من قبيل المبالغة أنهت بلبلة العلاقات العائلية ذاتها، ومواعيد النوم، حيث كان عرضها في الليل، وكان الهدف سياسياً في الصميم: كيفية إبقاء الشباب بصورة خاصة بعيداً عن الانضمام إلى الحزب ذاك.

بالطريقة هذه، تصبح تلك الطرق قابلة للتنفيذ، ولا يعود للعفة، أو الطهارة، الفضيلة من معنى طبعاً!

لنتابع ما بدأنا به، حيث الجواب المنتظر:

يكفي أن «نضرب» اليوم على محرك بحث كلمة خلاعة، لنجد أمام لائحة ضخمة من مواقع X. أظهرت دراسة عام 2004 قامت بها

comScore Media Metrix أن 2،5 مليار دولار من عائدات الصناعة الخلاعية ترد سنوياً من الويب، حسب معطيات العام 2004 من شركة المراقبة N2H2 تحتوي شبكة الإنترنت على 1،3 مليون موقع و260 مليون صفحة خلاعية. زد على ذلك أن مضمون هذه الصفحات لا لبس فيه. إن لائحة المواقع التي يقترحها محرك بحث غوغل واضحة وتسمح للباحث على الإنترنت بالتوجه وفق ميوله: «القضيب منتصب كبير»، يأخذ المرأة بين يديه، يقلبها، ويضعها على قضيبه كما على خازوق...»، «الصياح من كل جانب...»، «الكلبات اللواتي يفجرن فروجهن». حتى ولو صعُب تعريف الخلاعة، فإن بضع كلمات تكفي لمعرفة ماذا تقابل اليوم كلمة «خلاعة». إنهم المنتجون والناشرون أنفسهم هم الذين يعرّفون مجالهم. إن تقنيي مواقع X هم الذين يعطون «كلمات المرور» للباحث في الإنترنت الراغب بمشاهدة تيار ما هو جديد.

«اصطاد»، «أمسك»، «فكك»، «حطّم»، «فجّر»... المجال الدلالي المستخدم من قبل الخلاعيين واضح. والأقل وضوحاً هو الصلة بين كل ذلك والجنسانيات...ص791).

إنه لمرعب حقاً هذا المعرَّف به، هذا التدمير لبنية الأجساد السوية، أو ما يحيل الجسد إلى عجينة صالحة للاستخدامات الأكثر تخريباً لمجتمع هادىء من الداخل، حيث المقدَّم يتكلم بكل اللغات إجمالاً، كون الصورة لا تحتاج إلى ترجمان.

تترك الكلمات المكان للأعمال، وتصبح الأوصاف «إثباتات»، «الكلبات» و «المومسات» هنَّ نساء من لحم وعظم، ولسنَ فقط شخصيات من مقوى عجيني.. يد رجل في فرج امرأة، وأحياناً نصف ذراعه. أوضاع بهلوانية، غير محتملة الحدوث، يستحيل إحداثها مجدداً. ذكر اصطناعية، أغلال... وجه امرأة مغطى بالسائل المنوي... نظرتها لا معنى لها.

هذا هو ما يملأ اليوم الصور الخلاعية، سواءً تعلَّق الأمر بالفيديو الذي

نجده على الإنترنت، أو على الأشرطة وعلى DVD التي نجدها في متاجر الخلاعيات أو أيضاً في أي موزع آلي للفيديو...إلخ. ص 792).

ذلك ما شاهدته في أكثر من مكان في مدن أوروبية، كما لو أن هناك تقنيي الجنس المهرَّب أو المعلَّب، ومهندسي الأسواق التي تعرَض فيها نتاجات حديثة، لها صنّاعها، وممثلوها، ومخرجوها، وعارضوها وبأثمان خاصة، ويكون البيع اعتماداً على طرق أخرى، إذ تتحول شِباك التذاكر إلى الداخل «في المحلات الخاصة» والفرجة في أمكنة خاصة.

وثمة ما يستحق النظر، وهو ما ألمحنا إليه تالياً (كل الصور الخلاعية هي صور خاصة، من وجهة النظر الشكلية كما من وجهة النظر الجوهرية. أولاً، يتعلق الأمر بصورة مركَّبة وحقيقية، خيالية وواقعية.. ص793).

وليكون هناك جمع الذكور والإناث، وفي مستويات عمرية مختلفة، أي يكون المجتمع بكامله مدفوع به إلى أتون هذه الصناعة المضادة لحيوية الجسد السليم، أو ما يبقي جزءاً منه في وضعية المخدّر، المحشش الجنسي، والمعرض لنزف القوى الجسدية، ومن ثم المعرض لأمراض شتى: خطيرة فردياً وعائلياً واجتماعياً، جرّاء الإقبال على ممارسات كهذه.

وعلى سبيل المثال، يكون هناك من يدرس طرق إحداث التأثير:

(في عالم صور X كل شيء تلقائي وفي غاية البساطة، ويتكرر كل شيء وفق طقس تم التدرب عليه جيداً. ص794).

وما يختصر الوقت، كما لو أن إنسان اليوم غير مهيأ لأن يمهّد له، حيث ينتفي الحب، ويكون إحداث الشرخ فوراً:

(«تطورت» الخلاعة بدءاً من التسعينيات ودلفت بالتدريج إلى طريق جديد: لم يعد هدفها إظهار جنسانية حرة ومزدهرة واستخدام جمالية سينمائية، لذلك، قريبة من جمالية السينما التقليدية، بل عرْض لاستهلاك مشاهد جنسية يُرى فيها كل شيء فوراً وهذا الكل قادر على إشباع أكثر الفضوليات غير العادية. سينما الغونزو gonzo هي الإشهار الأقصى

لهذه الحركة: مشاهد جنسية دون صلة فيما بينها تحت عيني المشاهد المستهلك الذي ليس عليه سوى ترتيب الحبكة. ص795).

ماذا يعني كل ذلك؟ ربما ما كان يتفوه به مفكر وسوسيولوجي كبير، هو هربرت ماركيوز عن التشيؤ في المجتمع الصناعي، أو مفهوم «الإنسان ذو البعد الواحد»، هو أشبه بالندرة اليوم، أي ما دون هذا البعد، تجاوباً من «التطور» المريع في تقنيات الرعب وليس العجيب الخلاب المفتّح للوعي الإنساني، كما لو أن المضي قدماً بالمجتمع من خلال الميتاتكنوقراط، صوت التأليل «جعله آلياً» يفسَّر ويوضَّح من هذا المنطلق، الاكتفاء بقدر أقل من الديموغرافيا البشرية، لأن هناك من «الروبوترافيا»، أي إمكان إدارة المجتمع بأناس آليين يكلّفون القليل ويربحون كثيراً، أي حيث (يُقلَّص الأفراد إلى أشياء يمكن أن يُعلَّقوا، أن يجرحوا أو يُبتروا حسب الشهوة والميل في تلك اللحظة، أشياء تتمتع بالعنف الذي يتلقونه وبالألم الذي يعانونه.

من جهة أخرى، غفلية الناس الذين يقومون بالممارسة، السهولة الظاهرية التي بوساطتها لهم علاقات، الجانب المباشر والحيواني للعملية الجنسية. كل هذا هو اهتمام المشاهدين لهذا النوع من الأفلام. ص797)

إنها قوة مدفوعة داخل قوة أخرى، قوة مغلقة بالرنين المغناطيسي الجاذب لكنه اللاهب، إن جاز التعبير، يجد المأخوذ بغواية القوة هذه بنوع من غشيان الروح، أو فقدان الوعي وما يكفي لتحريك الجسد ضمن أتون المعد له، ولا بد أن ذلك منوط بطبيعة المجتمع، بنوعية ثقافته، والنظرة إلى موقع الفرد داخل العائلة وخارجها.

ومن هنا، فإن ما يجري تكراره أحياناً، أو شرحه بأكثر من طريقة، هو من باب تعزيز مقولة الخطر المداهم والقائم!

إنه موضوع مهم، خطير، دقيق، يستدعي تسخير قدرات، وأمثلة، وأسلوباً يمكنه مكاشفة تلك الحالات التي تمثل خروقات لمفهوم العائلة

المعروف في أوساطنا، والإشارة إلى الطرق التي تعتمَد في فعل الخرق اللافت ومدى دقته أيضاً.

البيت، بيت العائلة/ الأسرة، والذي يشهد «بطولات خلاعية»، مؤلف من أقسام، من غرف، وملكيّات تُسمى في هذا البيت، تبعاً لأفراد العائلة، خاصة راهناً. إنه مسرح انفجار المتع البورنوغرافية بامتياز.

كثيراً ما نسمع، ما أسمع، أنه منذ اليوم الأول الذي حصل انقسام في التكوين الجغرافي للبيت، فتشكلت غرف، كان ذلك تعبيراً عن حصول، أو ولادة ملكيات صغيرة، مهما كان تمثيل المسيطِر الاحتكاري، أو السلطوي قوياً «رب الأسرة/ العائلة» طالما أن الجدران تمارس حجْباً، فصلاً بين أفرادها، وتنمّي أحياناً أفكاراً ذات صفة استحواذية، أو جرّاء الشعور بخاصية التملك، جهة الانفراد في حجْرة غير مرئية، تنبّه مشاعر وانفعالات ذات صفة تهتكية، خرقية. كما لو أن مفهوم الفصل الجزئي، بالنسبة إلى الوقت، حيث يتجه كل فرد إلى غرفته، أو يغيب وراء جدار ما، كان سبباً للتفكير في أشكال من المحظورات.

اشتهاء الآخر، وهو من داخل العائلة، كما هو غشيان المحارم. فالغشيان سطو، حالة تعدّ، سوى أنه قد يكون وضعاً آخر، ليس بمعنى الاغتصاب، إنما الدخول في نوع من الفجور المتبادل، فجور مضاعف، بين أفراد معينين.

ذلك ما يجب ألا يغيّب عن أنظارنا حقيقة تُنسى أحياناً، وهي أن العائلة القديمة، إن جاز التعبير، والتي كانت تقيم في بيت واسع، كل الأفراد ومن أجيال مختلفة، وجمع غفير من الأقارب أحياناً «حال العائلة الشرقية»؛ حيث إن هؤلاء يشربون ويأكلون من الوعاء/ الإناء نفسه، وربما ينامون حيث كانوا يأكلون أو يستريحون، أو حيث يستقبلون ضيوفاً، وحيث ينام الضيوف وإياهم في هذا الفضاء البيتي المفتوح، ينامون ضمن مساحات هندسية، تبعاً للمقامات، والليل حيث ينسدل الظلام أو تسود العتمة،

تؤدي العلاقات الزوجية مهامها، أو يتم الاتصال الجنسي بين الأزواج في هذه الحالة غالباً.

يعني ذلك أن وجود البيت المفتوح على آخره من الداخل، وذهاب الجميع إلى العمل، كان من الصعب التفكير في حصول هتك، أو واقعة مسجلة، كون الجميع في الخارج، أو حين يكونون في البيت، فثمة حضور عددي، وهم يتقابلون، أو مكشوفون لبعضهم البعض. ذلك كان من شأنه تسيير شؤون الجسد في النطاق التقليدي المرسوم. وفي الوقت الذي يبرز فيه الانهماك في العمل، والتعب المبذول إسهاماً عضوياً، يبقي التفكير في أي متعة جانحة في حكم الملغي، وفي الجهة الأخرى، يكون التقابل عاملاً آخر. أي لا الزمان ولا المكان كانا يساعدان على ذلك.

إنما ظهور البيت بأقسامه، وطوابقه، وتخصيص غرفة لكل شخص/ فرد، سمح لقوى أخرى، قوى ما كان لها أن تسمِع صوتها، إن جاز التعبير، كما لو أن الجدران المقامة لعبت دوراً معاكساً للمطلوب، جهة النشاط الخاص الذي يقوم فرد ما داخل العائلة، وهو في غرفته، أو الاستسلام لتداعيات، وممارسة هوايات من خلال أجهزة مختلفة: إلكترونية. كل ذلك يسجَّل في عِداد المنبهات التي تدفع بالفرد العائلي لأن يحدِث خرقاً في النظام العائلي المعهود ومفهومه.

يضاف إلى ذلك اختلاف أوقات العمل، بقاء فردين من أفراد العائلة معاً، يمكن لهما الدخول في هتك مشترك، ليكون لدينا مجتمع من نوع آخر، له دوره في حصول حالات من هذا النوع، جرّاء وضعيات اجتماعية واقتصادية وغيرها.

هنا كان «ثالوث الشبهات» وهو ليس إقراراً بوقائع، أو تحرياً فيما يحدث، إنما مكاشفة لوضعيات حصلت وتحصل، ووضعيات أخرى قائمة، لا يُبلَّغ عنها، للسبب نفسه «أسرار العائلة» أو تجاوباً مع سلطة الأعراف والتقاليد ومدى التناقض بين بنية هذه السلطة وظيفياً وقيمياً، وإفرازاتها،

ومن ثم مؤثرات الواقع المعيش والحديث، وعدم تناول هذه المستجدات وتبيان خطورتها على نظرة كل فرد عائلي إلى الآخر، في ضوء هذا التحدي المغري والمشبوه في آن: أجهزة الاتصالات التي تلغي الحدود، وتستثير في الأجساد أكثر المشاعر إثارة رعباً ناحية اشتهاء الأهلي/ المحرَّم، حيث تختلف الأوقات، أو يسهل التصيُّد الأحادي الجانب عبر التسلل ليلاً، أو المشترك: الاشتهاء المتقابل، في أوقات تسهّل ذلك، ويكون هناك أكثر من مكان داخل البيت شاهداً على حصول فعل الخرق/ الهتك، أو تحديداً: سفاح القربى.

ويعقب ذلك السؤال المقلق: كيف يكون سفاح القربى، عندما تكون القربى ذاتها منطوية على بذرة مساعدة على ذلك، ولجسد مضغوط عليه؟ ذلك عامل سلبي يلفت أنظارنا إلى تلك الحالات التي يعلَم بها الآخرون، والقتل في صمت، أو المعلن عنه، للحيلولة دون أن يهان المعني بفعل القتل، رغم المواجع أو المعاناة النفسية، لأن لدينا هنا جرحاً عائلياً قد ينزف على مستوى عموم أفراد العائلة، أو الأهل المعنيين بها من جهة الزوجين، وما يترتب على كل ذلك من عار، يؤدي إلى نوع من القطيعة، ومن ثم الرجم الاجتماعي، والنبذ والاحتقار، وهو حصار بكل معنى الكلمة، وأحياناً يكون ذلك سبباً لتغيير المكان.

إن ما نحاول التعرض له، هو هذا «الهتك» القائم وفي صمت، أو بتحالف اثنيني، أو عبر الانفراد في مكان معين، وفي الوقت الذي يلعب التلصص دوره في تسمية الشهوات الآثمة، في غفلة من الآخر، كما لو أن التلصص فاعل تمهيدي لأي فعل هتكي، وأن ما يجري يتطلب المزيد من إمعان النظر، في موقع «حدوث السفاح» وكيف، والأهم: الصورة الثابتة أو الفيديوية التي تم التقاطها، وكيف تم ذلك، ومن ثم جرى نشرها، وما إذا كان الجاري سفاح محارم بالفعل، أم هو تدليس أو اصطناع ذلك لإحداث البلبلة. إنه بعد آخر من أبعاد المقاربة النقدية اعتماداً على الحركة الهتكية وحيثياتها!

في مسعى المقاربة النقدية للمرئي، وهو على أشد ما يكون من البورنوغرافية، علينا التزام الحذر في فن الرؤية، وفن التوصيف للجسد المرئي والذي ينخرط في لعبة «المحرَّم» وهو يعيش حمّى اشتهاء الآخر القريب جداً، ومساءلة اللقطة المرسومة أو المصورة وهي تجمع بين الصوت والصورة، إلى جانب العبارات الأقدر على تمثيل المنقول، وليس ما هو مكتوب أسفل المشهد البورنوغرافي، وغالباً باللغة المحكية وبكلمات تثير ما فوق البهيمية، إن جاز التوصيف، كون البهيمية حالة فيزيولوجية، وفي زمان محدد، وليس للبهيمة من يلتقط لها صورة «سكسية» إن جاز القول، كما لو أنها فيما تندفع إليه غريزياً، تقوم بـ «بواجب « البقاء الحيواني فيها، لتعود سريعاً إلى وضعيتها المعهودة، سوى أن المنظور هنا مسعى لتأبيد المبثوث أو المنشور على الصفحة الإنترنتية، وما يترتب على ذلك من استثارات جانبية وما أكثرها.

ثلاثة أمكنة متجاورة، تعرَف من خلال قاسم مشترك: مسرحة البورنوغرافيا، أبعد من حدود الإباحية، لأن هذه تثير الامتعاض، أو القرف هنا وهناك، جرّاء الوضعيات المقززة بالنسبة إلينا، سوى أن ما تعرضنا له، ليس بورنوغرافيا تحديداً فحسب، وإنما سفاح القربى الذي يستدعي أكثر من متخيل ثقافي، والحفر في كل حركة صادمة بجلاء.

تلك مهمة صعبة؛ إذ يختلط فيها الأخلاقي والمعرفي، إلى جانب الأسلوب الذي يفي الموضوع حقه أو ينيره على الأقل!

أنوّه هنا، إلى أن هناك مئات المشاهد البورنوغرافية المشيرة إلى عملية سفاح المحارم، ومن قبل أفراد العائلة الواحدة، ومن جنسيات مختلفة: عربية، هندية، روسية، يابانية، أوربية.. ولعل الأكثر لفتاً للنظر هو جانب الصلة بين الابن وأمه، أو الأخ والأخت، أو الابن وابنته وحتى حفيدته، وهي الأكثر تفعيلاً للأثر الصادم، ومن خلال الظهور المضيء والكاشف تماماً للأعضاء الجنسية، والإيلاج، إلى جانب التبادل بين كل

من التعامل الفموي- القضيبي، الفموي- الفرجي: مصاً في الحالة الأولى، ولحساً في الحالة الثانية، ثمة تغيير المواقع أو الهيئات، والممارسة بأكثر من وضعية.

وكما أشرْت آنفاً، فإن ما يتوخى منه، وإلى أقصى درجةِ توخٍّ هو عدم الأخذ بمصداقية المعروض على أنه يمثّل الحقيقة، من خلال طبيعة التعامل: في النظر إلى المشاهد، وكيفية الإقدام على لقاء الآخر سريعاً، حتى على صعيد القبلة، إذ إنها، أولاً، تستثير مشاعر متناقضة إلى أبعد الحدود، وما فيها من استفزاز للمشاهد، وثانياً، لا تخفي زيفها بأكثر من معنى، لغياب الحميمية أو انتفائها، وكون الاتصال الجنسي يعرَض ليس تأكيد علاقة إنسانية، إذ ينعدم كل أثر منها أو فيها، إنما نسف كل رابط عائلي، أو فسخ العقد العائلي، فلا يعود أي كان إلا بمظهر المشتهي الجنسي المبتذل للآخر.

غرفة النوم

لغرفة النوم طابع قدسي، إنها خاصة ومقتصرة على الزوجين/ الوالدين. وأن أشير إليها بهذا التوصيف، فإيماناً بأن أول غرفة يضمها البيت ذو العائلة، تلك العائدة إلى الوالدين. هذه الغرفة تمثّل من بعض النواحي عالماً شديد الخصوصية، لا يمكن الحديث عنه، لأنها خصوصية زوجية، فمنها وإليها تكون العلاقات، إنما في المتن، ثمة العلاقات الجنسية ذات الصبغة المهماتية، علاقات منتجة ومعزَّزة بقيم اجتماعية ومصانة ومثمَّنة في المقابل.

يكون الجسد المعرَّى، أو في وضعية العري، كون النوم يستدعي ذلك، وبالتالي، فإنها ليست غرفة نوم، إلا من باب المجاز، نعم، هي كذلك، لكنها تغطّي على وظيفة حياة، على فعل له طابع طقوسي، فثمة ما يناظره في البيت المجاور، وهكذا تكون التصورات التي تستدعي التفكير فيها، هي أنها ورشة إنجاب الأطفال، وتكون اللذة لاحقة.

هناك، في غرفة النوم، ثمة السرير الزوجي، وثمة التعامل الجسدي، ومن منظور إنساني، أو جنسي إنساني، قد يساء فهم موقع الغرفة، أو يكون مناخ البيت على الصعيد العائلي متوتراً، وتحديداً من قبل الزوجين، وعندما يكون لديهما أولاد كبار، وما يمكن أن تعرَف به الزوجة: الأم، من نظرة إلى مفهوم الزوج، وخاصية الاتصال الجنسي بعيداً عن الأعين، لأن ما

يتم لا ينبغي أن يرى، تلك سرّية لا يُشَك في أمرها. وجميع الأولاد/ الأبناء على بيّنة مما يجري هناك.

ثمة مشاهد هتكية، تتم بزعم أن الأم مطلقة، أو أرملة، أو ليست على وئام مع زوجها، كونه لا يقوم بـ «واجبه» الزوجي، أو لا يعير زوجته انتباهاً، ومدى تأثير ذلك على عموم أفراد الأسرة بالنسبة إلى فئة يصعب حصرها، لكنها موجودة، وإلا لما جرى حديث عن غشيان المحارم، أو تخوف الناس من أي حديث في هذا النطاق، كأني بهم يخشون من «فضيحة» ما يعيشونها هم، أو يمارسها البعض منهم، حيث لا يعود الشيطان: الآخر الذي يوسوس في الصدور، أو يوشوش في الآذان، إنما ما يكونه الفاعل: الجاني نفسه متقمصاً دوره عملياً تأكيداً على أن أي إحالة على ما هو شيطاني لا تعدو أن تكون تهرباً من المسؤولية الأخلاقية والعقاب الاجتماعي. وبذلك، فإن الشيطان الذي يعزى إليه كل فعل «منكَر» ليس أكثر من كونه تصنعاً أو رغبة في تخفيف وزر الفعل، رعب الممارَس، وتأكيد وجود الشيطان يكون لمصلحة الجاني، وفي الوقت نفسه، تغطية على وضوح الهدف، والتقديم بالوسوسة المدمرة، وليس على اشتهاء انبثق من الداخل وليس من الخارج. مقاطع مشهدية لا أكثر منها، وهي ترينا ما يعزّز من البعد البورنوغرافي، كما لو أن داخل في المشهد قد قطع صلته كلياً بالعالم من حوله، واستغرقته المتعة البهيمية، أو الشهوة المنقولة بحذافيرها، وما في كل حركة من استثارة تستدعي طرح أكثر من سؤال عن كيفية صناعة مقاطع فيديو بهذه الطريقة، ومن كان وراء هذا الفعل «الجنسي» الهاتك/ المهتوك.

ثمة من يكون البادي، وثمة من يكون المقبِل على السفاح، سوى أن المساحة المقدّمة تشرك الطرفين غالباً فيه، وفي الوقت الذي تبدو المرأة «الأم» بشكل رئيس، صاحبة الدور الأكبر، لأسباب لا تشرعن أي خطوة من الفعل المهتوك!

مشهد يضم كلاً من الأم وهي شبه عارية، مع ابنها البالغ، في فراش واحد، وثمة حركة موجهة مفصَح عنها من عيني أحدهما، تجاه جسم الآخر، وتكون مؤخرة الأم مثيرة أكثر، الأمر الذي يدفع بالابن إلى نول مبتغاه المحرم، والأم في هذه الحالة قد تتجاوب معه سريعاً، أو على مهل. وخلال ثوان ينقلب المشهد إلى حركة مغايرة، وربما حصيلة التمهيد، بإقبال كل منهما على الآخر في معايشة بهيمية بالنسبة إلى الأعضاء الجنسية، وحتى القذف على الجسم، أو إظهار القضيب أو الفرج كاملاً، والتلاعب به وسط تأوهات الأم بصورة لافتة.

وربما كان في وسع القارئ لما هو مكتوب هنا، أن يستدعي إلى ذاكرته ما أثير بصدد أسماء لها حضورها اللافت في الثقافة الأوروبية بالذات، والفرنسية منها بشكل أخص، وكيفية الربط بين ما تردد سالفاً، وما هو منوَّه إليه هنا.

ذلك ما يتطلب المزيد من المرونة، المزيد من توسيع دائرة النظر، والأخذ بالتاريخ ومسيرة المجتمعات المختلفة عن بعضها البعض، حيث من المستحيل بمكان الربط الميكانيكي بينهما.

إزاء ذلك، كثيراً، ما أسمع، ما يقال لي من باب الاستفسار: إلى متى سنظل هكذا؟

وفي معتقدي، أن الجواب يستحيل بالسلب أو بالإيجاب، لأن كليهما يخل بمفهوم السؤال نفسه، والذي لا ينبغي النظر إليه بعين واحدة، ومن زاوية واحدة، وفي موقع اجتماعي محدد.

ومن باب الطرافة أيضاً، يمكن التنويه إلى مفهوم «حرق المراحل»، كما في عبارة: أن نتعلم قيادة السيارة، ذلك لا يتطلب منا أن نتعلم أولاً كيفية ركوب الدراجة الهوائية. الفارق بين الموضوعين مختلف غاية الاختلاف. إذ عدا عن سن قوانين معينة في المجتمعات الأوروبية بخصوص العلاقات الجنسية، كما في حال «المثْلية»، وموضوع سفاح القربى، يمكن أخْذ

العلم بأن المجتمعات الأوروبية قد قطعت أشواطاً طويلة في مضمار التقدم التقني، ومن ثم مفهوم الانتماء إلى مجتمع واحد، ودولة واحدة، وما تعنيه القومية لكل أوروبي، وعلمانية الدولة، وحرية الفرد..إلخ. إلا أن الذي ينبغي التشديد عليه هو مدى ارتباط الفرد هذا بلغته وثقافته ومجتمعه، مهما أفصح عن عن عصيان معين، أو «شذوذ» كما هو متداول لدينا.

ذلك ما نفتقده على نطاق واسع في مجتمعاتنا، أي كيف أننا نفكر ضمن مساحات اجتماعية ضيقة وانقسامية، بحيث يصعب، إن لم يكن مستحيلاً، التعرف على وعي سليم، ومسلك سليم في معايشة كل من الدولة والمجتمع والقومية واللغة، فالأوروبي أنى كان موقعه، ومستواه الثقافي، له سهم اعتباري في كامل حدود دولته، بلده، مجتمعه، وهذا ينتفي وجوده في مجتمعاتنا، وبالتالي، فإن التعامل في المقابل، مع حالات كهذه يرتكز إلى آليات عنف عُرفية، دينية، بغض النظر عمن يكون «الجاني».

إنه تشظي المفهوم المجتمعي للعلاقات بصفة عامة، وللنظرة إلى الجنس بصفة خاصة، وبالتالي، فإن ما يمكن أن يفهم من معنى الجنس في «الغرب « هو إمكان عزله عن نطاق القرابة2، كوجه مسمّى ومستحدث ورافض لما هو تقليدي، أو تاريخي- ديني مباشر، أي ما يجعل للشهوة مساراً وقيمة منفصلة عن الممارسة الجنسية المعتبَرة حراماً. ولعل ذلك، يمثّل رد فعل على كل الأدبيات التي كانت تحيل أي خروج على ما هو قائم كنسياً، وما ألحِق به، أو صيرَ رديفاً، بوصفه فاعل إكراه، وحتى طغيان واستلاب.

من هنا، كان السعي الحثيث إلى كيفية تحرير الجسد بكل أنشطته من هيمنة الكنيسة، ومن تاريخها الديني الطويل، والأنظمة المجاورة لها، لتكون الحرية الفردية ذات طبيعة مضادة كلياً.

لهذا، فإنه عندما نقرأ عن inceste، على أنها ارتكاب المحارم، ومشتقة من اللاتينية، وتعني بالتالي (من لا يتقيد بالقواعد والطقوس، ولذلك فهو

نجس، قذر)3، فإنما التعادي بين عالمين، وأن هذا التخريج «الفصل بين ما كان ارتباطاً عائلياً، وما يكون قائماً على أساس المقرَّر الجنسي»، يحيلنا على الوضعية الخارقة لما اعتبِر خرقاً في الأساس، ولعل ذلك يفهّم مدى التوتر بين الاثنين، ودون إلغاء غرابة هذا التخريج، ليكون في مقدور المندفع إلى خانة الهتك التمتع بنوع من السوية النفسية، والشعور بأنه لم يقم بما هو شائن، وذلك في ضوء ما تعرفنا إليه سابقاً.

بناء عليه، يمكن تقدير المكبوت الهائل في نفوس من يعيشون بيننا وقائمة الجرائم الجنسية، وتلك العائدة إلى سفاح القربى، وتلك المظلة التي توفّرها لهؤلاء الهاتكين/ المهتوكين، وهي عرفية، جهة الاستتار، خشية الفضيحة، ومنعاً لانتقال العدوى في المقابل إلى آخرين في الجوار، أو أبعد، وهذا يفسّر حجم المكابدات النفسية ذات الدمغة «الشرقية». وبذلك يمكن لنا أن نتعقب ما يخص مجتمعاتنا وما يرتبط بمجتمعات أخرى، لها قيم وأنظمة علاقات مختلفة ومعروفة.

يمكن النظر إلى مئات المشاهد من هذا النوع، وهي مرفقة بتعليقات أو توضيحات تفتقد البيان اللغوي الدقيق، سوى أن التعليقات هذه تفي بالغرض، بالنسبة إلى الذين يُستهدَفون، أي إثارتهم، إنها تعابير فجة، وكلمات تنتمي إلى المحكي.

ربما كان ذلك منطبقاً على الأخ والأخت، أو الأب وابنته، وما يصل بدائرة القربى، أي سفاحها.

أقول ذلك، من دون أن آتي إلى استدعاء أي عبارة مما قرأت أو مشهد مما رأيت وتوقفت عنده. هنا، هل علي أن أعترف ككائن مأخوذ بعقله، إنما أيضاً بما هو غريزي في المقابل، وذلك حين أقول إنني كأي كان من بني البشر، لا أخفي منزع الشهوة أو خاصية الاشتهاء أو فاعلية الشبق داخلي أحياناً. إن هذا الاشتهاء يكون إزاء من يمكن التفاعل معه، أو عند متابعة

مشهد سينمائي بصورة رئيسة، وهو ساخن، كما يقال، سوى أن الأرضية الفنية التي تتقدم به، أو يعرَف من خلالها، يحفّز إرادة الشهوة هذه، لما لها من قيمة اجتماعية وليس نزوية، جهة التصعيد بالجسد، وهذا هو الرهان، أو هنا يكون مربط الفرس: متى، وكيف يكون تعزيز الشهوة هذه، والتأثير في الآخر: القارئ أو المشاهد؟

ذلك ما نتلمسه في نصوص كثيرة، وخاصة في أيامنا هذه، حيث إن علامة البورنوية الفارقة تميتُ المشهد، وتقضي على اللحظة المؤرّخة له، إذ يظهر سريعاً، وينتهي سريعاً، سوى أن الفن هو الذي يعمّق الأثر بمفهومه النبعي

وكما نوهتُ، فإن الإيروتيكا وحديث سفاح القربى لا صلة بينهما، في أي من هذه المشاهد. الإيروتيكا فاقعة، وقاتلة إلى أبعد الحدود. إذ ليس هناك من علاقة إنسانية، تترجم مشاعر مضطربة، وشكوى لعالم منهار. إنما إزاحة كاملة لتلك القيمة القائمة بين أفراد العائلة الواحدة، وتحديداً، بين الأبوين وأولادهما.

في سياق المشهد المذكور، ليس من ملمس يبعث على المتابعة والتأثر، إنما هو الصدام مع المعيش اليوم عموماً.

ثمة الكثير مما هو مصطنع، أو مزيَّف، بدءاً من التواجد معاً في الفراش ذاته. كيف يمكن تفهَّم هذا المشهد؟

تُرى، من تكون المرأة العارية أو شبه العارية؟ هل حقاً تكون الأم للفتى المراهق، أو الشاب اليافع أو البالغ والذي يعيش وضعية اهتياج لمرأى جسم أمه، وفي الأماكن الأكثر إثارة للنظر؟ من المصوّر الفعلي، حيث تكشف المرأة «الأم» عن كامل جسمها، لا بل وهي شديدة الاغتلام، في إقبالها على الآخر، وهكذا الحال بالنسبة إليه؟

طبعاً، يمكن الانتقال إلى غرف أخرى، أعني بها غرفة الابن، أو البنت، لنشاهد حالات مشابهة لذلك:

كأن نرى مشهداً، يتضمن شاباً يافعاً، أو بالغاً وهو يلعب بعضوه المنتصب، فيكون الباب مفتوحاً، أو نصف مفتوح، أو يمكن فتحه، فتفاجأ الأم أو الأخت بذلك، وتبدأ الحركات البورنوغرافية من ناحية هذه أو تلك، وهي تستثار بفعل المشاهدة، حيث الآخر يظهر غارقاً في شبقه، ويبدأ التعري التدريجي، أو الدخول إلى غرفته، لتستعاد المراحل ذاتها.

المشاهد المعروضة في مختلف أسمائها ومسمّياتها، وبين مختلف أفراد العائلة، لا يمكن اعتبارها للفرجة، أو للمشاهدة، كونها تتصف بميزة الإباحية المخزية، إن جاز التعبير، وهي، حين تنشَر، فإن لها خطاباً نارياً بالنسبة إلى الذين لا يمتلكون أي ثقافة قادرة على حمايتهم من التأثر، وتفريغ شحناتهم في ذواتهم، أو في البحث عن سبل التفافية، فهم إذ يصبحون ضحايا يتم اصطيادهم بمثل هذه المعروضات، يتحولون إلى جلادين باحثين عن ضحايا لهم، وربما من يشاركونهم أهواءهم، تحت وطأة الضغط، والشعور بالعجز، أو تفاقم الحالة، وفي عائلات تعيش تفككاً وتأثراً بعدوى كهذه.

المطبخ

ثمة الكثير في المطبخ، مما يشكل مكان لقاء لأشكال من الاتصال الجنسي من النوع الموسوم.

علينا أن نأخذ الروائح في الحسبان، والحركات التي يعتمدها الجسم، والتلصص في الجوار، من جهة سفاح القربى طبعاً!

ما يشير إليه المطبخ، هو أن الأم أو الأخت في وضعية الغائب عن العالم الخارجي، فيدخل الابن، أو أحد أفراد العائلة، وهو في وضعية شبق أو نعظ، أو يكون جالساً إلى كرسي المطبخ، وعيناه على مؤخرة تلك وهي تتنقل بين أرجاء المطبخ، أو تنشغل بالغسيل في وضعية شبه العارية، أو تبرز مؤخرتها، وما هو أكثر من ذلك..إلخ.

وتمارس الحركات ذاتها في الاقتراب والالتصاق مع شبه ممانعة.

هذا يعيدنا إلى ما أثرناه في النقطة الأولى: كيف أمكن تصوير ذلك؟ من كان وراء التصوير في وضعيات كهذه.

هنا لا يمكننا أن نتحدث عن مؤثرات المطابخ، وما يمكن أن تفجّره من مشاعر وتداعي ذكريات. فلا شيء من ذلك، لأننا بصدد هتك أو تهتك ليس إلا.

وبالمختصر المفيد، إزاء سفاح قربى.

الحمّام

ليس هناك ما هو أخطر من الحمام في البيت، لأن مناخه مغاير لأي غرفة أخرى. ثمة استغراق للجسد في وضعية استهواء مع رشَاش الحمام، أو تصاعد وتيرة المؤثرات الشبقية أو اشتهاء الآخر.

في الطرف المقابل، ثمة «صياد» دخيل، مقتنص اللحظة هذه، في عملية التلصص. وسواء أكان الموجود في الحمام: الأم أو البنت/ الأخت، أو الابن، أو أي من أفراد العائلة، فإن ذلك لا يغير من الموضوع في شيء.

إن كل ما يمكن التفكير فيه من جهة آلية الحركات ذات الصفة النعظية واستثارة المشاهد، أو من هو مخصَّص له أي مشهد من هذه المشاهد الأكثر من كونها إباحية، حيث المستهدَف إجمالاً ليس التأكيد على «حرمان» جنسي معين، أو كبت حرفياً، وإنما إبراز وضعيات تهتكية. إنها تفجيرات داخل البيت، بالمفهوم الدلالي، وما يحصل لاحقاً، إثر عملية المشاهدة.

هذا يستدعي طرح أسئلة مشابهة لما تقدم.

وربما أمكنت الإشارة إلى تهتكات في الصالون أو غيره، ولو بشكل أقل بسبب البعد الاستثاري للمكان أو الزاوية. سوى أن النقطة الرئيسة هي أننا إزاء سفاح قربى، أو ما سمّي سالفاً بـ «الخلاعة».

ذلك يشكّل الخطر الأكبر للمجتمعات التي لا تزال تعتبر مجرد رؤية جانب مكشوف من رجل المرأة «كاحلها، ساقها، معصم يدها، صدرها، وجهها..إلخ من المحرمات، من دسائس إبليس»، وهو ما يفتح مجالاً لأن تحصل كوارث من هذا النوع، أي حيث يكون للتشدد أكثر من نتيجة وخيمة، وفي الوقت الذي يساعد فيه انتشار أجهزة الاتصالات الرقمية، أو أفلام البورنو، وغير ذلك من الأجهزة ذات الدور الاستثاري «البورنوي» على إخراج الأجساد من وراء اللباس إلى عالم التهتك، أو التمرد على سلطة اللباس هذا، أو حتى الدفع باللواتي يرتدين ما يسمى بـ «اللباس الشرعي» إلى البحث عن منافذ للتخفيف من وطأة الغلمنة، أو الشبق، خارج البيت، أو داخله في أوقات يتم انتهازها.

ربما أمكن القول هنا، إن ما يجري أحياناً في بيوت كهذه، وطالما أنها تفرض حصاراً من الصمت، وراء الجدران الكتيمة والسميكة، قد يكون أفظع وأكثر مما يحدث في المجتمعات المعتبَرة غربية، أو ماجنة. وكل ذلك يستحيل حله بمجرد إطلاق أحكام، أو تقديم برامج، أو تأليف كتب، أو إقامة ندوات معينة، أو نشر أشرطة كاسيت ذات طابع دعوي، أو توجيهي، بينما يكون الصائر أكثر تأثيراً، حيث المكبوت المتنامي يثير ما يصعب الوقوف في وجهه.

ربما نتلمس في الذين ينتمون إلى أشد التيارات، أو التنظيمات الدينية أو الأصولية تطرفاً، كما في حال «تنظيم الدولة الإسلامية: داعش» وجهاً من وجوه هذا المشار إليه، حيث يسهل الاتصال الجنسي عبر الإكراه والاغتصاب.

سوى أن موضوعنا له طابع مميّز، هو الذي أفصحنا عنه بنوع من الترميز: **الشيطان لم يعد يقيم هنا**، أي حيث يكون سفاح القربى، وخرق حدود كل التعليمات أو الممنوعات العائدة إلى سفاح القربى، لأن ما يمكن النظر فيه، لا صلة للشيطان فيه إطلاقاً، إلا إذا إراد القيّمون على

ما هو ديني قولاً وعملاً، الإصرار على أن الشيطان موجود، وهو الذي يلعب دوراً كبيراً: في الخبث، المكر، الإغواء، والدفع إلى ارتكاب الفاحشة.

وبالتالي، فإن الذي يُرتكب من «إثم» يتحمل الشيطان وزره أو وزْر بعده، وهذا يسهم في زيادة التهتك أو يشكل عنصر دعم لتلك الإقدامات التي يمكن السماع بها، أو القراءة عنها، أو مشاهدتها بورنوغرافياً.

في عموم ما تعرضنا له، على خلفية ما اقتبسناه من «مهج النفس» يمكن التحرك في هذا المضمار ذي الطبقات، وما ينتظر الداخل في «متاهة» الغرائز المزخرفة والمميتة، عدا عن تداعياتها الكارثية بالمفهوم القيمي الاجتماعي.

ذلك يكون أحد المؤثرات المدمرة للمجتمع، إلى جانب صور أو مؤثرات أخرى ذات صلة ببنية المجتمعات التي تفتقر إلى تلك الإجراءات المناسبة وهي اقتصادية، اجتماعية، سياسية وتربوية، وإعطاء الجنس مكانته، ومن ثم التخلي عن تلك الصورة التقليدية في التعامل معه، لأنه يعلِم بما لا يريد أي كان، ممن يشددون على إبقاء الجسد بعيداً عن تهتك من النوع المذكور، لكن يظهر أن إيمان هؤلاء القيمين بوجود الشيطان قوياً، إلى درجة أنهم أنفسهم قد يجدون أنفسهم مباشرة في وضعية فقدان المناعة، أي الانكشاف المخزي أمام الآخرين، وعدم وجود الحجة فيما يقومون به.

لننتقل من وضعية: لعْن، رجْم، ذم الشيطان كلما أخطأنا، وكلما مورِست «فاحشة»، ومن ثم الحط من قيمة أنفسنا وإشعال النار الكلامية فيها، لأنها في الحالة هذه، وهي داخلنا تكون قد نالت منا، كما هو المرئي أو المحسوس في مجتمعاتنا التي يكون ارتكاب الجرائم بشتى أنواعها، ومنها الجنسية أو تهتكية، في تصاعد مستمر. عرس الشيطان مستمر إذاً!

إشارات

1. مارزانو، ميشيلا «إشراف»: معجم الجسد، ترجمة: حبيب نصرالله نصرالله، المؤسسة الجامعية للنشر، بيروت، ط1، 2012، م 1، ص 789، ولاحقاً، ومن باب الإيجاز، فإن أرقام الصفحات ترِد في المتن.
2. ذلك ما يشدنا إلى بعض مما أثيرَ سابقاً، ونشير هنا كذلك، إلى مثال آخر، تأكيداً عليه، إذ ذُكِر قديماً ما تقوم به النساء في مصر القديمة، أمام الثور المقدس أبيس، والمجسّد للرب الأعلى بتاح، حيث (إن النساء يكشفن أنفسهن أمام أبيس ليتلقين منه الدفق المقدس في ذلك الجزء الذي يقدمنه له من أجسادهن. وفي الفولكلور القديم أحياناً أفكار غريبة حول الحمل: وهذه عقيدة تفهم عموماً أن الاثنين يمكن أن يتلاقحا بواسطة الريح. وأعتقد أن هذه العقائد إحياء بدائي لفولكلور بدائي، وهو أن الطفل ليس نتيجة الزواج البشري. فإن كانت نساء ممفيس لا يعتقدن أن أبيس يمكن أن يجعلهن ولودات، فإني لا أستطيع تفسير ما الذي يجعلهن يحضرن هذا المهرجان المفرد. وبغض النظر عما قيل، فإنها ليست مسألة فحش، بل طقوس طبيعية لها بداياتها في تربة العصور القديمة). ينظر، في كتاب وينيفريد ميليوس لوبل: تحولات باوبو «أساطير الطاقة الجنسية عند المرأة»، ترجمة: حنا عبود، منشورات وزارة الثقافة السورية، دمشق، 2007، ص 169.
3. مارزانو، ميشيلا «إشراف»: معجم الجسد، المصدر نفسه، م 1، ص 511.

سيرة ذاتية للمؤلف

إبراهيم محمود

باحث ومفكر كوردي سوري

مواليد قامشلو 1956.

إجازة "بكالوريوس" في الفلسفة من كلية الآداب، قسم الفلسفة، جامعة دمشق/1981.

التفرغ للدراسة والتأليف في مجالات فكرية وأدبية وتاريخية ونقدية مختلفة، بعد ممارسة التدريس في معاهد قامشلو لمدة عشرين سنة

الآن لاجئ في إقليم كوردستان، ويعمل في مركز بيشكجي للأبحاث الانسانية في جامعة دهوك

مؤلفاته: له أكثر من "300" كتاب بين منشور ورقي وإلكتروني، تأليفاً وترجمة.

من مؤلفاته:

- مغامرة المنطق البنيوي (البنيوية كما هي)، مركز الدراسات والأبحاث الاشتراكية في العالم العربي، دمشق/ 1991.
- صورة الأكراد عربياً بعد حرب الخليج، الشركة اللبنانية للكتاب، بيروت، ط1/ 1992.
- الجنس في القرآن، شركة رياض الريس، لندن، ط1994/1/ط2/2000، ط2، دار رؤية، القاهرة، 2016.
- الهجرة إلى الإسلام، دار الفكر، دمشق، ط1/ 1995.

- الكورد في مهب التاريخ، كورد برس، بيروت، ط1/ 1995.

- أئمة وسحرة "البحث عن مسيلمة الكذاب وعبدالله بن سبأ في التاريخ"، شركة رياض الريس، لندن، ط1/ 1996، ط2، دار رؤية، القاهرة، 2017.

- جغرافية الملذات "الجنس في الجنة"، شركة رياض الريس، بيروت، ط1/ 1998، ط2، الريس، بيروت، 1998، ط3، دار رؤية، القاهرة، 2016.

- الفتنة المقدسة "عقلية التخاصم في الدولة العربية الاسلامية"، شركة رياض الريس، بيروت، ط1/ 1999، ط2، دار رؤية، القاهرة، 2016.

- المتعة المحظورة "الشذوذ الجنسي في تاريخ العرب"، شركة رياض الريس، بيروت، ط1/2000، ط2، دار رؤية، القاهرة، 2017.

- صدع النص وارتحالات المعنى، مركز الإنماء الحضاري، حلب، ط1/2000.

- تقديس الشهوة "الرموز الفلكية في النص القرآني"، شركة رياض الريس، بيروت، ط1/2000.

- أقنعة المجتمع الدمائية، دار الحوار، اللاذقية، سوريا، ط1/2001.

- الحنين إلى الاستعمار، دار الينابيع، دمشق، ط1/ 2001.

- جماليات الصمت "في أصل المخفي والمكبوت" مركز الإنماء الحضاري، حلب، ط1/2002.

- قراءة معاصرة في الإعجاز القرآني، دار الحوار، اللاذقية، ط1/ 2002.

- الشبق المحرم "أنطولوجيا النصوص الممنوعة"، شركة رياض الريس، بيروت، ط1/2002، ط2، دار رؤية، القاهرة، 2016.

- صائد الوهم "الطبري في تفسيره"، دار كتابات، بيروت، ط1/2003.

- الضلع الأعوج "المرأة وهويتها الجنسية الضائعة"، شركة رياض الريس، بيروت، ط1/2004.

- وعي الذات الكوردية، الشركة العربية الأوربية، بيروت، ط1/2004.

- نقد وحشي "رؤية لنص مختلف"، دار الحوار، اللاذقية، ط1/2005.

- الموسيقى "عتبات المقدس والمدنس"، مركز الإنماء الحضاري، حلب، ط1/2005.

- الباحثون عن ظلالهم "العبور إلى فيينا" دار الينابيع، دمشق، ط1/2005.

- قتل الأب في الأدب "سليم بركات نموذجاً"، دار الينابيع، دمشق، ط1/2007.

- النقد والرغبة في القول الفلسفي المعاصر، دار الحوار، اللاذقية، ط1/2007.

- القبيلة الضائعة "الأكراد في الأدبيات العربية الإسلامية"، شركة رياض الريس، بيروت/2007.

- وإنما أجسادنا..الخ "ديالكتيك الجسد والجليد"، وزارة الثقافة السورية، دمشق، ط1/2007.

- المنغولي أو مجهول الريح "رواية"، دار الينابيع، دمشق، ط1/2009.

- الأنثى المهدورة "لعبة المتخيَّل الذكوري في صناعة الأنثى"، مركز الإنماء الحضاري، حلب، ط1/2009.

- الجسد المخلوع بين هز البطن وهز البدن، شركة رياض الريس، بيروت، ط1/2009.

- جنازة المؤخرة "في مائة وواحد وعشرين نصاً"، الدار العربية للعلوم، بيروت، ط1/2010.
ط1/2010.

- زئبق شهريار "جماليات الجسد المحظور في الرواية النسوية العربية"، دار الحوار، اللاذقية، ط1/2012.

- نصوص أفستا وقراءة في النص الأفستاني، دار تموز، دمشق، ط1/2013.

- الإسلام: مدخل جنسي -دراسة- شركة رياض الريس- بيروت، ط1/2013.

- سيرة المحلّق أرضياً "دراسة في شعر جكرخوين"، الأكاديمية الكوردية - أربيل، ط1/2013.

- الجسد البغيض للمرأة - دراسة- دار الحوار- اللاذقية، ط1/2013.

- الحيوانات تستعيد ذاكرتها "قصص"، كلاويذ، السليمانية، ط1/2013.

- قتل الجياد الكوردية: عن محمد اوزون مجدداً "دراسة"، منشورات سردم، السليمانية، 2015.

- علم جمال الجسد المغاير "دراسة"، دار الحوار، اللاذقية، 2015.

- أسئلة التأويل "دراسة"، دار الحوار، اللاذقية، 2015.

- بروق تتقاسم رأسي "سيرة فكرية"، دار الحوار، اللاذقية، 2015.

- الأكاديمي "هل هناك أكاديمي كوردي؟"، دراسة، دار تموز، دمشق، 2015.

- معذّبو النور "في التصوف الكوردي"، دراسة، دار تموز، دمشق، 2015.

- اليد والقفّاز "التنوير البحثي في كتابات الأستاذ الدكتور عبدالفتاح عليّ البوتاني":دراسة، أربيل، 2016.

- طريدو التاريخ "الكورد في خضمّ حروب الآخرين"، مركز بشكجي للدراسات الإنسانية، دهوك، 2016.

- تراجيديا الضحك، دراسة، دار الحوار، ط1، 2017.

- الدرع الواقي: اسماعيل بيشكجي وكتابة القضية الكوردية" دراسة في سلوك وفكر رجل في العاصفة "، مركز بشكجي للدراسات الإنسانية، دهوك، 2017.

- الذئب الكوردي " دراسة في شخصية ضياء كوك آلب " دار سبيريز، دهوك، 2017.

- سطوح الهاوية " دراسة عن الكورد والفيسبوك "، الأكاديمية الكوردية، أربيل، 2017.

- لا ليس لي لحية، دراسة في العلاقة بين محمد كورد عليّ والتصوف، دار تموز، دمشق، ط1، 2017.

- سرديات الحيّة " دراسة انتروبولوجية "، دار رؤية، القاهرة، ط1، 2018.

- رهانات التهجين بين الجسد والثقافة، دراسة، دار الحوار، اللاذقية، ط1، 2018.

- نساء في لعبة الذكور، دراسة، دار تموز، دمشق، ط1، 2018.

- العرب لا يحبّون البصل "دراسة في متخيلات اللغة العربية " دار سطور، بغداد، 2019.

- ثلاثية شجرة قابيل، عن دار سطور، بغداد لعام 2019: - العراق "أم واحدة وأزواج كثيرون"- سوريا" العيش في ظل زوجة الأب "- كوردستان "أرملة وأخوة أعداء"

- ألف قطرة دم وقطرة "دراسة في الإبادة الجماعية"، مركز الأنفال، جامعة دهوك، 2019.

- منطق طائر اللون "دراسة فنية في أعمال نصر ورور"، دار تموز، دمشق، 2019.

- النزول إلى "الجبل" تعريف بالأدب الكوردي، دار تموز، دمشق، ط1، 2019.

- جسد العاهرة "دراسة في نصوص السوأة المباحة"، دار سطور، بغداد، ط1، 2020.

- الهارب إلى التاريخ "ابن خلدون ووعي المجهول "دراسة" دار أمل الجديدة، دمشق، 2020.

-نحو قراءة معاصرة في إعجاز القرآن "دراسة" دارالأمل الجديدة، دمشق، 2020.

- مرحباً أيها الموت وماذا بعد؟ "عن جنون الهجرة والمتاجرين بأرواح المهاجرين"، دراسة، دار أمل الجديدة، دمشق، 2020.

- المؤلّف بين الرأس والعصا "البحث عن الجزرة"، دراسة، دار أمل الجديدة، دمشق، 2020.

- خصيان فلسفية "في مائة نص ونص" دراسة، دار تموز، دمشق، ط1، 2020.

- الزعيم الكوردي عليكي بطي: بطلاً تاريخياً، أسطورياً، وشعبياً، مجلّدان، دار الزمان، 2020.

- الطب الفلسفي من أفلاطون إلى جاك دريدا وأبعد "دراسة " دار الحوار، اللاذقية،2022.

- القديسة الإيزيدية بيكَي في تاريخها الطويل "دراسة أنثروبولوجية – تاريخية" مركز لالش، دهوك، 2023.

- أركيولوجيا الوشم "دراسة"، دار الحوار، اللاذقية، 2023.

- ردفا شاكيرا "دراسة في الجسد اللعوب" منشورات دار الخياط، واشنطن، 2023.

- اعترافات آدم المطرود من الجنة "رواية "، دار الخياط، واشنطن، 2023.
- مزاج الطحلب "دراسة في رواية سليم بركات - سبايا سنجار" مركز بيشكجي للدراسات الإنسانية، جامعة دهوك، 2024.
- بيئات مزدوجة: لعبة النص البيئية في العالم الروائي ليونس الأخزمي، دراسة، دار عرب، لندن، 2024.
- حذاء أبي، القسم الأول من الجزء الأول: هذا العسل البالغ المرارة، رامينا، لندن، 2023.
- حذاء أبي، القسم الثاني، من الجزء الأول: نجمتي التي لم تلتفت إليّ، رامينا، لندن، 2024.

ترجمات:

- الحيوان الذي أنا عليه، لجاك دريدا، نصوص مختارة، ترجمة عن الفرنسية، دار تموز، دمشق، 2020.
- الأرشيف، الأثر، الفن، لجاك دريدا، الترجمة عن الفرنسية، دار الحوار، اللاذقية، 2020.
- أصوات (مقابلات مع جاك دريدا)، الترجمة عن الفرنسية، دار الحوار، اللاذقية، 2020.
- ديكة بمنقارين: عن الصراع بين أقطاب التحليل النفسي، الترجمة عن الفرنسية، دار أمل الجديدة، دمشق،2020.
- مقاومات في التحليل النفسي، لجاك دريدا، الترجمة عن الفرنسية، دار الأمل الجديدة، دمشق، 2020.
- لاكان نفسه "سيرة حياة، ومقالات موازية ومتممة" لفيليب سولرز، الترجمة عن الفرنسية، دار الأمل الجديدة، دمشق، 2020.
- ميثولوجيا النهايات "مقالات مترجمة حول الأدب والتحليل النفسي" الترجمة عن الفرنسية، دار الأمل الجديدة، دمشق، 2020.
- أطفال التحليل النفسي: "مقالات مترجمة عن الطفل من منظور التحليل النفسي" الترجمة عن الفرنسية، دار الأمل الجديدة، دمشق، 2020.

KHAYAT
Publishing

Washington, DC
United States

www.khayatbooks.com